서울대학교 규장각한국학연구원 한국학모노그래프 27

한국의 중산층

홍 두 승

서울대학교출판문화원

The Middle Classes in Korea

Hong, Doo-Seung

Seoul National University Press

머리말

필자가 중산층이란 주제에 관심을 갖기 시작한 것은 1980년대 초반 무렵이다. 1980년대에는 우리 사회의 불평등구조와 계급문제에 대해 국내 사회학계에서 많은 토의가 있었고 그 결과로 연구성과물도 다수 산출되었다. 그러나 중간계급 또는 중산층에 대한 학문적 관심은 노동자계급이나 빈곤층 등 타 계급집단에 비해 소홀한 감이 없지 않았다. 아마도 연구에 대한 동기 부여가 상대적으로 크지 않았던 것도 한 원인이었으리라 짐작된다. 하지만 1990년대 후반에 닥친 경제위기 이후 중산층에 대한 학문적 · 정책적 관심은 크게 높아졌고, 중산층의 문제는 비단 사회학뿐만 아니라 타 학문분야에서도 심도 있게 다루어졌다. 현재까지도 '중산층'이라는 용어에 대해서는 논란이 많고 그 범위획정방법도 다양하다. 이러한 측면에서 중산층을 개념적으로 정리하고 중산층의 실체를 규명하는 작업은 계층연구에서 매우 중요한 과제로 등장하고 있다.

중간계급 또는 중산층에 관한 대부분의 이론적 논의들은 서구의 역사적 경험과 발전에 바탕을 두어 전개되어 왔다. 이와 같은 이론적 배경이 한국을 포함한 비서구 사회에서도 타당성을 가질 수 있는지 여부에 대한 검토는 지속적인 탐구의 대상이 되고 있다. 계층연구는 본질적으로 그 사회의 역사적·문화적 특수성을 반영할 수밖에 없어 보편타당한 일반이론을 찾는 것이 때로는 무의미할 수 있다. 안타깝게도 이 분야에서 지금까지의 국내 학계의 학문적 성과는 아직 서구 이론을 답습하는 수준에서 크게 벗어나지 못하고 있음을 부정할 수 없다. 계급의 분류와 성격 규정은 사회마다 다를 수 있기 때문에 우리 사회에 적합한 설명방식을 찾아내는 작업은 끊임없이 이루어져야 하리라 본다. 이러한 의미에서 이 연구는 우리나라 중산층의 존재양식을 설명하고자 하는 하나의 시도라 볼 수 있다.

이 연구에서는 특히 지금까지 사실상 동의어로 사용되어 왔던 중간계급과 중산층을 개념적으로 구분하여 설명하고자 하였다. 중간계급과 중산층이라는 용어는 학자 개개인의 이론적 입장과 선호에 따라 선택적으로 사용되어 왔다. 따라서 동일한 대상 집단을 지칭하면서도 상이한 용어를 사용하기도 하고 동일한 용어로 서로 다른 집단을 묘사하기도 하여 용어상의 혼돈이 가중되었다고 볼 수 있다. 또한 관념적 수준에서는 어떠한 상을 그릴 수 있어도 경험적 수준으로 내려오면 그 실체가 파악되지 않는 경우가 흔히 있으며, 특히 중산층을 둘러싼 논의에서 이와 같은 현상이 빈번히 나타났다고 볼 수 있다. 이러한 이유에서 현실세계에서 상용화되어 있는 용어를 분석적으로 구분·정리해야 할 필요성이 있다.

이 책에서는 중산층의 성격을 찾아볼 수 있는 경험적 자료를 많이 활용하고 있다. 이 중 일부 자료는 필자 자신이 그 동안 직접 연구과정에 참여하여 수집한 것이지만, 각 자료들은 여러 시점에서 서로 다른 목적을 위해 수집된 것들이어서 다소 일관성을 결여하고 있는 면도 있다. 그러나 사용하는 자료 모두 중간계급 또는 중산층을 식별할 수 있는 정보를 담고 있어 연구목적에는 부합할 수 있으리라 본다.

이 연구는 '서울대학교 한국학 장기 기초 연구비' 지원에 의해 수행되었다. 이러한 기회를 제공해 준 학교 당국과 초고에 대해 소중한 의견을 보내 주신 익명의 세 분 평가자들께 감사드린다. 또한 한국학 심포지엄에서 이 연구에 나타난 문제점을 날카롭게 지적해 주신 충북대 강희경 교수, 경상대 최태룡 교수께 감사의 말씀을 드린다. 여러 평가자들이 제기한 쟁점들을 모두 수용하여 수정하지 못하였음을 아쉽게 생각한다. 또한 2002년도 서울시 계층연구자료를 제공해 주신 서울시정개발연구원의 조권중 박사와 자료의 수집 및 원고정리 과정에서 헌신적으로 도와준 서울대 박사과정의 성지영 조교에게도 감사의 뜻을 전한다. 끝으로 서울대학교출판부의 편집담당 관계자 여러분께도 감사의 말씀을 드린다.

2005년 2월

홍두승

차 례

표 차례

그림 차례

I. 서 론

1. 문제의 제기

1997년 하반기에 한국사회에 몰아친 경제적 위기는 한국경제의 허와 실을 재조명해 보는 기회를 제공해 주었다. 1997년 10월 IMF의 관리체제하에 들어간 이후, 한국은 마이너스 경제성장, 수출 감소, 기업의 도산, 실업률 증가 등 많은 문제에 직면하게 되었다. 1996년에 11,422달러로 최정점을 이루었던 1인당 국내총생산은 경제위기를 거치면서 급격히 하락하여 1998년에는 6,800달러 수준으로 급감하였다가 2002년에 이르러서야 1만 달러 수준으로 회복되었다(통계청, 2003: 296-97). 최정점기의 수치로만 본다면 한국은 유로공동체의 포르투갈이나 그리스와 같은 수준이었다. 그러나 그 동안 사회 일각에서 우려해 왔던 한국경제의 누적된 구조적 취약성이 가시화되면서 사회의 제 영역에서 그 여파가 나타나게 된 것이다. 그 영향은 특히 중간계층에서 보다 명료하게 부각되었다. 물론 경제위기의 파장은 모든 계층에 다가온 것이었지만 지금까지 직장 및 경제 생활의 안정을 누려왔던 중산층에 미친 파급효과는 더욱 큰 것이었다.

이러한 경제위기의 결과로 계층간 격차가 심화되었다. 임금에 크게 의존하고 있는 중·하위 소득계층에 있어서는 임금감소 등으로 전체 수입이 감소한 반면, 금융자산을 많이 보유하고 있던 고소득계층에서는 이자소득의 증가 등으로 오히려 소득이 증가한 것으로 추정되었다. 중간임금계층을 구성해 왔던 '중산층' 내에서도 기술과 교육 수준에 따라 전문고급인력과 저임금 근로자로 분화되는 현상이 나타났다.[1]

이 시기에 우리나라 언론들은 '중산층의 몰락', '중산층의 위기'와 같은 용어들을 사용하면서 중산층이 당면하게 된 어려움을 부각시키려 하였다. 정부, 언론 및 여러 민간기관들이 발표한 자료는 중산층 귀속의식이 크게 줄어들고 있음을 보여주었다. 예컨대, 노동부는 '중산층'의 비율이 IMF 이전 61%에서 1999년 중반에는 45%로 감소한 반면에 하류층은 35%에서 54%로 크게 증가하였다고 밝힌 바 있다.[2] 또한 현대경제연구원이 1999년 3월에 실시한 여론조사에 따르면 "IMF 이전이나 지금이나 중산층"이라고 응답한 사람은 41%, "IMF 이전이나 지금이나 하류층"이라고 생각한 사람은 34%였으며, "상류층에서 중산층으로" 또는 "중산층에서 하류층으로" 떨어졌다고 응답한 사람은 각각 4%, 19%였다.[3] 대한매일신보사(1998)는 스스로 평가한 자신의 사회계층적 지위에서 IMF 전과 비교하여 지위의 하강을 겪고 있는 사람이 무려 46%에 달하고 있고, 반면에 상승되었다고 생각한 사람은 5%에 불과하다는 점을 보도하였다.

한국경제의 위기는 소득의 감소와 소비생활의 위축이라는 결과로 나타났다. 1998년에 실시된 한국노동연구원의 '한국노동패널조사'[4]에

---

1. LG주간경제, 1999년 8월 4일자.
2. 조선일보, 1999년 5월 4일자.
3. 조선일보, 중앙일보, 1999년 4월 14일자.
4. 1998년 6월 2일부터 같은 해 10월 13일까지 전국의 시 지역(제주도 제외)에서 추출한 5,000가구 및 그 가구에 속한 15세 이상 남녀 13,309명을 대상으로 면접조사하였다.

따르면, IMF 사태로 소득이 감소한 가구는 74%에 달하였으며, 이와 대조적으로 증가한 가구는 1%에 불과하고 나머지 25%는 큰 변화가 없었다. 가구소비에 있어서도 56%가 감소하였으며, 37%는 변화가 없었고, 증가한 가구는 6%에 불과하였다. 각종 여론조사 결과를 보면 1998년 들어 가계소득은 약 30~35% 정도 감소한 것으로 파악되었다. 이 시기에 대한매일신보사(1998)는 국민라이프스타일 조사를 통하여 IMF 관리체제의 영향은 일차적으로 국민경제생활의 위축으로 나타났음을 보여주었다.

또한 고용과 관련하여 1998년 1/4분기에 5.7%였던 실업률이 1년 후인 1999년 2월에는 8.7%까지 올라갔으며 그 후에는 점진적으로 감소하는 추세를 보여 10월에는 4.8% 수준까지 떨어졌다. 고용 사정이 양적인 면에서는 호전되고 있지만 질적인 면에서는 그다지 좋지 않은 것으로 나타나고 있다. 더욱이 실업통계에 포함되지 않는 실망실업자와 비자발적 단시간근로자, 일시휴직자 등의 불완전취업자가 크게 늘었다. 여기에 상용직 근로자의 감소와 임시직 및 일용직 근로자의 증가추세가 나타났다. 한국노동패널조사는 대학 이상 고학력자들이 전체 취업자에서 차지하는 비율이 대폭 감소하였음을 보여주었다. 대학졸업자는 IMF 이전 26%에서 20%로 감소한 반면 고졸 이하의 학력을 가진 사람은 오히려 약간 증가하였다. 또한 IMF 이전 정규직 취업자 비율은 81%, 파트타임 및 일용직 근로자는 19%였으나, IMF 이후 정규직은 58%로 감소하고, 비정규직은 42%로 증가하였다.

이와 같은 상황에서 민간부문과 공공부문 모두 구조조정이라는 이름하에 조직의 통폐합과 대규모 인원 감축을 추진하였다. 기업들이 구조조정을 추진하는 과정에서 파견근로자를 활용하거나 아웃소싱을 확대함으로써 결과적으로 조직에서 중간 지위가 축소되었으며, 기업 내의 인력구조는 핵심근로자와 주변근로자로 양극화되는 경향마저 나타났다.[5] 특히 전문직, 관리직 및 사무직 종사자들은 타 직종에 비해 그 동안 상대적으로 고용의 안정성을 유지해 왔던 집단이며 이들은 바로 '중산층'의 핵심을 이루고 있었다. 그러나 IMF 이후 거시경제적인 변화와 그에 따른 기업의 구조조정의 추세 속에서 이들의 지위는 더 이상 안정성을 보장받기 어려운 상황이 초래되었다. '안정된 중산층'의 구축은 역대 정부들이 추구해 왔던 정책의 목표였다. 안정된 중산층 육성에 근간이 되는 것은 다름 아닌 안정된 직장과 안정된 소득의 확보이다. 화이트칼라의 대량 실업, 계약제 · 연봉제 도입 및 확산에 따른 직장의 불안정성, 지식 · 정보사회로의 이행과정에서 나타난 정보 분배구조의 불평등 등은 중산층의 위상에 큰 변화를 가져왔다.

한편 이와 같은 변화는 중 · 소 자영업주들에게도 마찬가지로 나타났다. 유통업계에서는 대형할인점의 급속한 팽창을 포함한 점포의 대형화가 이루어지고 있고, 전자상거래와 홈쇼핑 업계의 확산 등으로 중소 자영업주들의 영업활동은 큰 타격을 받게 되었다. 결과적으로 유통업계의 대형화 추세 속에 전통적 자영업주들의 위상은 위축될 수밖에 없는 상황이 되었다.

또한 최근의 통계는 위축된 경제 상황에서 신용불량자들이 급증하고 있음을 보여주고 있다. 은행연합회는 2003년 9월 말 현재 우리나라 전체 신용불량자가 350만 명이 넘는다고 발표하였다.[6] 신용불량자를 연령대별로 보면 외환위기 직후인 1998년에는 30~50대가 다수였으나 최근에는 20대도 큰 비율을 차지하고 있다.

경제적 위기 상황을 거치면서 한국의 중산층은 과연 몰락하고 있는 것인가? 그렇다면 중산층이 처한 위기의 원인은 무엇이며, 현재 우리에게 일어나고 있는 이와 같은 변화는 일과적인 것인가, 아니면 보다 근원적인 것인가? 우리나라의 중산층을 이해하고자 하는 것은 바로 이

5. LG주간경제, 1999년 8월 4일자.
6. 30만 원 이상 3개월 연체하면 신용불량자로 분류되고 있다. 조선일보, 2003년 10월 30일자.

러한 질문들에 대한 해답을 구하기 위해서이다.

2. 중산층 논의의 변천

지금까지 우리나라에서 중간의 제 (계층)집단에 관한 논의들은 크게 세 가지 흐름으로 전개되어 왔다. 첫째로, 사회학계에서 다루어 온 중간계급 논의이다. 마르크스의 계급논의에서 출발하여 이에 대한 수정 및 비판 등이 모두 이 범주에 포함된다. 사회학자들은 전통적으로 계급분류에서 자본가계급과 노동자계급 사이에 존재하는 계급집단을 대체로 중간계급 또는 중산계급으로 지칭해 왔다(이상백, 1955; 김채윤, 1962; 황성모, 1965; 강희경, 1979; 김경동, 1979, 1991; 홍두승, 1983a; 유희정, 1988; 구해근, 1991). 일부에서는 중간계급 대신에 중간층의 용어를 선호한다(예를 들어, 김영모, 1979, 1985, 1997; 서관모, 1987; 최태룡, 1991; 김석준, 1998). 둘째로, 정책당국과 경제관련 정부출연 및 민간연구소 등에서 다루어 온 중산층에 대한 논의이다. 이들은 특히 소득계층을 중심으로 중산층의 범위를 설정하고 이를 바탕으로 중산층 확충과 육성대책에 관심을 기울여 왔다(연하청 외, 1990; 류상훈 · 강석훈, 1999; 홍성민 · 민주홍, 1999; 홍석표 외, 2003). 셋째로, 정치학계에서의 중간층 논의이다. 중간층 논의에서는 다양한 이해관계를 조정하고, 완충시키는 역할을 수행하는 중간집단으로서의 중간층의 의미를 부각시켜 왔다(유영준, 1985; 이홍구, 1986).[7]

이와 같은 세 갈래의 접근들이 다루는 양식과 의도는 달랐다 하더라도 공통적으로 찾아볼 수 있는 기본가정은 중간 제 계층 또는 제 집단의 존재가 첨예화된 계급 또는 집단간의 갈등과 반목을 완충시켜 줌으

---

7. 중간층 논의와 관련되어 1950~60년대에 남미 등지에 관한 연구에서는 정치변동과정에서의 중간부문(middle sectors) 또는 중간집단(middle groups)의 위상에 관한 주제들이 많이 등장하였다(Blankster, 1957, 1960; Johnson, 1958, 1961).

로써 사회적 안정을 기할 수 있으리라는 점이었다. 바로 이러한 기대 때문에 중산층 논의 자체가 일부 학자들로부터 비판받아 왔고 때로는 왜곡되어 이해되기도 하였다. 개념상의 혼돈은 외국의 연구에서도 종종 나타났다.[8] 따라서 분석적으로 구분되어야 할 계층현상의 하위개념들이 계급이라는 용어 속에 흡수되어 버렸던 것이다. '중산층'이란 이제 학술적 용어에서 나아가서 대중적인 개념이 되었다. 특히 우리나라에서 이러한 중산층에 대한 논의는 학술적인 토론에서보다는 대중매체를 통해 더 빈번하게 주목받아 왔다. 중산층을 둘러싼 논의가 어떻게 변화해 왔는지를 시기별로 검토해 본다.

1) 1960년대 이전의 중산층 논의

중산층에 관한 논의는 중산층의 위상과 역할 변화와 함께 발전되어 왔으며, 1950~60년대의 연구에서는 중산층보다는 오히려 중류층 또는 중간층 등의 용어가 더 보편적으로 사용되었다(노창섭, 1964). 그러나 당시에도 일부 언론에서는 '서민층'과 대비된 개념으로서 '중산층'을 사용하기도 하였다(문형선, 1963). 우리 사회에서 중산층에 대한 관심은 1966년 초 대통령연두교서에서 비롯된다. 이를 계기로 당시 집권당인 공화당과 야당인 민중당은 정책기조 연설을 통해 중산층에 대해 관심을 표명하였다. 민중당은 "…우리 민중당은 … 중산층의 안정과 이익증진 없이는 민주주의는 영원히 토착될 수 없으며 사회의 안정은 결단코 바랄 수 없고 조국의 민주통일도 기대할 수 없다는 점을 신앙하는 정당입니다. …"라고 '중산층' 정당임을 내세우면서 중소기업 우선 육성 등을 구체적인 정책대안으로 내세웠다.[9]

---

8. 예를 들어, 계급과 지위의 혼재는 초기의 미국사회 계층연구에서도 마찬가지로 보인다. 워너(Lloyd Warner)의 6계급 분류는 사실상 계급과 지위의 복합적인 것이었으며, 워너 자신이 이를 명확히 구분치 않고 다차원적인 개념을 '계급'(class)으로서 나타내었다(Warner and Lunt, 1941).

1960년대 중반에 중산층 논쟁이 진행되었을 때 신용하(1966)는 중산층을 자기자본을 가지고 독립경영을 하는 독립 자영업자층과 임금노동자를 고용하지 않거나 고용하더라도 소수만을 고용하는 자영업자들로 지칭하면서, 구체적으로는 수공업자, 중소상인, 중소광공업자(=중소기업가)가 여기에 해당된다고 보았다. 한국의 중산층 문제는 바로 이들의 문제로 귀결된다고 주장하였다. 신용하의 구분에 의하면 중간계급(또는 중간층)은 '중산층'과 '화이트칼라'로 구성되고 '중산층'은 다시 중소광공업자, 중소상인, 수공업자, 독립자영농 등의 층으로 이루어진다.[10] 나아가 중산층을 "보다 질적으로 규정된 개념의 계층"이고 "역사적으로 형성된 실재적 계층"으로 간주하고 있다. 신용하의 이러한 개념규정에 동의하면서 임종철(1966)은 중산층의 문제를 중소기업의 문제로 이해하였다. 이들은 신중간계급으로 지칭되는 공무원, 회사원, 교원, 지식인 등 화이트칼라를 배제시킨 중간계급, 말하자면 구중간계급으로 중산층의 범위를 한정하였다. 이 시기의 경제정책은 대기업에 대한 집중적인 지원을 기조로 이루어지고 있었으며 이와 같은 상황에서 열악한 환경에 처해 있던 중소기업의 육성문제가 당면한 과제로 떠올랐다.

그러나 일부 학자들은 중산층을 계급적 접근에서가 아니라 계층적 접근으로 파악하여야 함을 강조하였다. 예를 들어, 배성동(1966)은 "중산층=중간층"으로 이해하면서 중산층의 기준으로, 중간 정도의 재산을 소유한 층, 중간 정도의 수입을 얻은 층, 자립성을 가진 직업에 종사하는 층, 중간 정도의 생활수준(시민적 생활양식과 교양 및 소비성향)을 갖춘 층, 중간층적인 기질(경제적 · 사회적 안전의 추구, 저축의욕, 자기책임, 상승 노력 등)을 가진 층으로 규정하였다. 이러한 기준에서

9. 조선일보, 1966년 1월 21일자.
10. 독립자영농을 포함시키는 것은 다소 유보하고 있다.

나타난 '중간 정도'의 용어는 주관적인 동시에 자의적일 수도 있다. 그러나 중간 정도의 생활수준이라든가 중간층적인 기질은 계층화의 결과로 나타난 계층적 속성이지만 일상적으로 파악되는 중산층 개념에 보다 근접한 인식일 수 있다. 비슷한 맥락에서 고영복(1966)도 "중간자로서의 태도와 의식"을 지니고 있는 다수 층을 망라한 개념으로 중간층을 다루는 것이 사회학적으로 더 큰 의미를 가질 수 있다고 강조하였다.

앞서 살펴본 대로 1960년대의 중산층 논의는 중소기업 육성과 관련된 주제를 다루거나 중산층의 가계수지 또는 경제적 상황과 관련된 내용에 주된 초점을 맞추었으며, 중산층의 의식이나 정치적 역할 등의 내용은 별로 다루지 않았다. 이 시기의 노동력구조를 보면 농업인구가 가장 큰 비중을 차지하고 있었으며, 도시적 직업들은 이제 막 성장해 가려는 초기단계에 머물러 있었다고 볼 수 있다.

2) 1970~80년대의 중산층 논의

이 시기에는 1960년대에 비해 한 단계 진전된 논의들이 전개되었다. 사회학자들의 논의에서는 중산층의 범위를 확대시켜 구중간계급뿐만 아니라 신중간계급까지도 이에 포함시키고 "중산층=중간계급"의 틀 속에서 파악하고자 하였다(김영모, 1979; 홍두승, 1983a, 1983b; 김성국, 1983; 고영복, 1984). 일부 학자들은 구중간계급 대신에 구중산층, 신중간계급 대신에 신중산층이라는 용어를 대체해서 사용하기도 하였다. 그러나 중산층의 범주 속에 독립자영농민을 포함시키는 문제에 대해서는 의견의 일치를 보지 못했다. 즉 일부에서는 독립자영농민을 중산층(구중산층)에 포함시키는가 하면 또 다른 일부에서는 이를 제외하고 있다.[11] 또한 일부 사회학자들은 마르크시스트의 계급모형에 비교

11. 예를 들어, 고영복(1984)은 농경지 1정보 이상 소유 농가를 '농업에서의 중산층' 획

적 충실하면서 계급의 지칭을 자본가계급(또는 부르주아지), 노동자계급(또는 프롤레타리아)에 국한시키고, 이 두 계급집단 사이에 존재하는 중간의 집단은 '계급'이 아닌 '계층'으로 이해하여 중산계급이 아닌 '중산층'(김영모, 1982) 또는 '신중간제계층'(서관모, 1984, 1987) 등으로 사용한 것이다.

중산층 변화에 대한 전망에서는 중산층의 범주 속에 독립자영농뿐만 아니라 일부 노동자계급 성원까지도 포괄하는 개념화가 이루어지기도 하였다. 임희섭은 신중간계급의 확장을 통해 한국의 중산층은 꾸준히 성장하고 있으며 앞으로의 중간계급에는 화이트칼라뿐 아니라 블루칼라도 함께 포함될 것이라고 전망하였다.[12] 이러한 논의의 저변에는 소득수준이나 생활양식 등에서 중간계급(화이트칼라)과 노동자계급(블루칼라)의 차이가 크게 감소될 것이라는 인식이 깔려 있었다.

한편 1980년대에 들어서는 정책당국에서도 중산층 문제에 보다 깊은 관심을 표명하였다. 경제기획원은 1985년 3월 '중산층 육성대책'을 마련하면서 중산층의 식별기준을 몇 가지 제시한 후 미래의 중산층 확대방향과 전망을 제시하였다. 이때 제시된 정부의 '중산층 육성정책'에는 하위계층이 중산층으로 상승할 수 있도록 하는 정책과 기존 중산층이 중산층에서 탈락하는 것을 방지하는 정책이 포함되었다. 전자를 위해서는 소득수준을 향상시키고 후자를 위해서는 사회보장제도(의료보험 확대, 국민연금제 실시)를 확충하고자 하였다. 중산층 가구를 1984년의 41% 수준에서 2000년에는 72%까지 끌어올리려 한 정부의 장기계획이 이 시기에 제시되었다.

1980년대 중반에 들어서면서 집권 정치세력은 여전히 비민주적이고

정의 기준으로 삼는다. 반면에 홍두승(1983a)은 독립자영농을 농촌에서는 중간의 위치에 처한 계층이지만 도시적 의미에서의 중산층으로 간주하기에는 어려움이 있음을 지적하고 이를 배제시킨다.

12. 서울신문, 1984년 4월 12일자.

폐쇄적이었으며, 이에 5공화국 정부에 대한 국민들의 불신과 불만은 그 깊이를 더해 갔다. 군 출신 인사들이 정치권에서 주도적 역할을 담당하고 여러 민간 부문에 진입함으로써 식자층의 불만은 가중되었다고 볼 수 있다. 이러한 전체적인 흐름 속에서 학생운동권을 포함한 재야세력들은 결집되어 하나의 정치세력으로 등장하기에 이르렀으며, 이와 함께 중산층에 대한 관심도 다시 높아졌다. 그 중 한국일보사가 지원하고 서울대학교 사회과학연구소(1987)가 수행한 〈중산층연구〉는 주목할 만하다.[13] 이 연구는 주로 사회조사에 의한 것이지만 그 결과를 보면 중산층의 불만이 매우 크게 반영되어 있었다. 특히 정치사회적 불만은 경제적 여유가 있는 층에서 더 강하게 나타나고 있으며, 인권 및 부의 분배과정에 대해 중산층은 매우 비판적이었음을 보여주었다. 조사가 실시된 시점은 1987년 5월로 나라 전체가 정치적 소용돌이 속에 휩싸여 있던 시기였다. 이 연구의 결과를 통해 여러 형태의 집단행동이나 시국사건에 관해서 중산층이 크게 공감하고 있었음을 읽을 수 있다.

1987년은 우리 정치사에서 결코 가볍게 다룰 수 없는 하나의 분수령을 이루었다. 소위 6 · 29선언으로 일컬어지고 있는 정치적 민주화의 여건이 조성된 시기이다. 이러한 단계에 이르기까지 사회 각계 각층의 관심과 부단한 노력이 있었지만 그 중에서도 '잠재적 대중'으로만 인식되어 왔던 중산층의 역할이 부각됨에 따라, 학계나 언론에서도 관심을 보이기 시작했다. 일련의 시위과정에서 화이트칼라 근로자들의 참여가 빈번히 목격되었고, 반정부적 분위기가 특정집단 또는 특정계층에 국한된 것이 아닌 사회 저변에 깊이 흐르고 있음이 감지되었던 것이

13. 그 외에도 『월간조선』은 1983년 11월호에 〈누가 중산층인가〉라는 특집을 마련하여 5편의 글을 실었고(김경동, 1983; 김성국, 1983 외), 서울신문은 1984년에 〈80년대 중산층〉이라는 특집으로 4월부터 매 목요일마다 20여 회에 걸쳐 중산층을 집중적으로 다루었다. 또한 월간지 『민족지성』은 1987년 10월호에 〈한국의 중산(간)층〉이라는 제목하에 한국중산층 논의의 쟁점, 중간(산)층 연구의 이론적 기초, 한국중산층의 의식성향 등 세 편의 글을 실었다.

다. 따라서 이 시기에 노동운동의 관점에서 화이트칼라 '노동자' 들의 계급적 성격을 조망한 연구들이 다수 발표되었다(이영희, 1988, 1989; 서관모 · 심성보 외, 1989; 신광영, 1989).

이러한 시대적 분위기 속에서 사회변혁의 주체 문제와 관련하여 중산층이 주목받기 시작하였다. 특히 사회변혁을 위한 민중운동의 중요성을 부각시키는 일련의 입장들에 대해 중산층과 민중이 서로 배타적인 존재가 아니라는 주장과 함께 '깨어 있는 중산층,' 즉 민중의식을 갖는 중산층의 역할을 다루는 데 초점이 모아졌다. 대표적 논자 중의 한 사람인 한상진(1988)은 '중민' 이라는 신조어를 사용하여 이들의 존재를 규명하려 애써왔다. 중민이란 '중산층이자 민중' 이면서 '민중의 중심' 으로서 이들이 사회변혁을 위해 중요한 역할을 수행하는 층이라는 것이다. 그러나 여기서 의문시되는 점은 '민중' 의 개념에 대한 합의가 있는가 하는 것이다. 1987년도 서울대학교 사회과학연구소가 실시한 조사결과에 따르면, 도시하류계급이나 농 · 어민층에 있어서는 3분의 1 이상이 '민중' 이라는 단어를 들어본 적이 없거나 잘 알지 못하고 있다고 밝힌 바 있다(홍두승, 1989). 또한 민중과 동일시하는 사람의 비율은 계급적 지위가 낮을수록 낮아지고 있다. 여기서 낮아지는 비율은 바로 이 개념에 대한 무지의 비율과 같음을 알 수 있다. 결국 민중이란 경험적으로 보아 계급, 계층적 지위가 높고 교육수준도 높은 사람들에 의해 동일시되는 개념이라는 역설적인 이야기가 된다. 이는 서로 출발점도 다르고 인식의 기초도 달리하는 '중산층' 과 '민중' 이라는 두 개념을 무리하게 접합시킴으로써 발생한 현상이라 볼 수 있다.

이러한 문제점에도 불구하고 중산층의 정치사회적 역할과 중요성에 초점을 맞추어 전개한 이때의 논의들은 시대적 상황을 잘 반영한 것이라 할 수 있다. 특히 사회변혁의 중심세력으로서의 '민중' 의 역할과 존재의미를 강조하는 진보세력들의 주장에 맞서 민중과 제휴하되 주도적 역할을 상실하지 않는 '중산층' 의 위상을 강조하였다는 점에서 주목된다. 한편 서관모(1987)는 진보적 입장에서 신・구중간계층(또는 중산층)의 상당부분은 민중적 존재에 접근하고 있으며, 민중운동이 앞으로 중간계급에 대해서는 '합당한' 배려를 하여야 한다고 주장하기도 하였다.

그후 1980년대 말에서 1990년대 초에 걸쳐 중간계급 또는 중간층에 대한 경험적 연구가 신진 사회학자들에 의해 활발하게 이루어졌다(유희정, 1988; 강희경, 1990; 최태룡, 1991; 김석준, 1992; 김병조, 1993). 특히 강희경(1990)은 신중간계급의 공간적 분화를 대만의 경우와 비교하면서 자본축적의 단계에 따라 분석하였고, 최태룡(1991)은 '구중간층'의 생성과정, 존재 양태 및 의식을 탐색하면서 구중간층의 계급적 정체성이 미약함에 주목하였다. 또한 김병조(1993)는 화이트칼라 직업의 중요한 부분을 차지하고 있는 일반직 공무원을 대상으로 이들의 계급적 상황과 의식을 설명코자 하였다. 각각의 연구는 분석의 수준과 대상은 달리하였지만 모두 실증적 자료를 활용하여 신・구중간계급의 존재양상을 체계적으로 분석하였다는 점에서 중요한 의미를 가지고 있다.

3) 1990년대 중반 이후의 중산층 논의

1990년대 후반에 이르러서 사회적으로 가장 큰 쟁점으로 등장한 것 중의 하나가 경제위기와 그에 따른 국민생활의 변화였다. 1997년 11월 금융위기에서 출발한 경제적 혼돈으로 인해 국가는 IMF의 관리체제로 들어가게 되었고 이는 기업의 도산 및 구조조정, 대규모 실업 등 일련의 급격한 사회경제적 변화로 이어지게 되었다. 이러한 충격의 여파는 특히 중산층 삶의 기반을 크게 흔들어 놓았다. 물론 경제적 위기가 모든 계층에 해당된 것이었지만, 직장과 소득의 안정성이 보장되었던 중산층에게는 그 충격의 여파가 더 컸었다고 볼 수 있다. 이와 같은 상황에서 '중산층 위기'의 주제는 언론 및 학계에서 광범위하게 다루어졌다. 이 시기에 정부기관, 경제관련 공공 및 민간연구소에서는 여러 자료들을 활용하여 정규직 고용의 감소와 임시 직종의 증가, 소득계층간의 격차 심화 등의 경향을 보여주는 수많은 연구보고서를 발간하였다.

IMF 위기 이후 중산층의 위상 변화에 관한 대표적인 정책연구로 류상영 · 강석훈(1999), 홍성민 · 민주홍(1999), 홍석표 외(2003)를 들 수 있다. 이 연구들은 모두 정부출연 및 민간연구소의 정책보고서로 '중산층'을 중간소득계층과 동일시하는 공통점을 가지고 있다. 류상영 · 강석훈(1999)은 중산층을 중위(median) 소득의 50~150%로 규정하였으며, 홍성민 · 민주홍(1999)은 소득 10분위 중 4~7분위 소득계층, 즉 중간 40%의 계층을, 그리고 홍석표 외(2003)는 중위 소득의 100% 이상 150% 미만의 계층으로 한정지었다.[14] 이들 연구에서 중산층은 모두 소득분포 여하에 따라 그 크기가 달라지는 '상대적' 계층이라 볼 수 있다.

삼성경제연구소의 류상영 · 강석훈(1999)은 「중산층의 변화실태와 정책방향」이라는 연구보고서에서 민주주의를 공고히 하고 지속적인 경제성장을 위해 중산층의 역할이 중요하다고 전제하고, 1980년대 이래 하향 안정세를 보이던 중산층이 1997년을 고비로 급감하였다고 지적하였다. 특히 중산층은 경제위기에 취약한 경제적 특성을 지니고 있는데 상류층이나 하류층에 비해 가구소득에서 차지하는 근로소득의 비중이 높고 가구주 소득에 대한 의존도 역시 높아 가구주의 실직에 따른 충격이 가장 큰 계층으로 특징지었다.[15] 이들은 중산층 정책의 세 가지 축으로 조세환경 개선, 일자리 창출 및 사회안전망 구축 등을 강

---

14. 홍석표 외(2003)는 소득계층을 4집단으로 분류하고, 중위소득 50% 미만의 계층을 '한계계층,' 50~100%를 '서민층,' 100~150%를 '중산층,' 150% 이상을 '고소득층'으로 범주화하였다. 따라서 류상영 · 강석훈(1999)의 '중산층'은 홍석표 외(2003)에서는 '서민층'과 '중산층'을 모두 포함하는 개념이 된다.

15. 가구소득 중 근로소득이 차지하는 비중은 상류층이 53.1%, 중산층이 64.2%, 하류층이 42.0%이며, 가구주 소득에 대한 의존도는 상류층이 65.8%, 중산층이 74.7%, 하류층이 48.7%로 두 기준 모두에서 중산층이 가장 높다(류상영 · 강석훈, 1999).

조하였다. 특히 사회안전망 보강을 통하여 빈곤층으로 전락한 중산층에게 재상승의 기회를 제공함으로써 사회통합에 기여할 수 있도록 하자는 것을 골자로 하고 있다.

현대경제연구원의 홍성민 · 민주홍(1999)은 「IMF시대의 중산층 약화실태 및 재구축방안」 연구에서 중산층은 소비의 주 계층이며 내구재 수요의 중심축을 이루고 있는 계층으로 이들이 적절한 비중을 점하고 안정성을 유지하는 것은 전체 사회 안정에 필수적인 조건이라고 전제하였다. 또한 중산층은 소비, 문화 · 여가생활, 교육 태도, 정치 · 사회 의식 등을 결정적으로 좌우하는 계층으로 보았다. 그러나 IMF 이후 중산층의 소득 및 가구비중이 감소하는 등 이들의 입지는 전반적으로 약화되었다. 이는 노동수요가 급감함으로써 대량 실업사태가 발생하고 고용불안감이 심화되었으며 임금이 하락하는 등 중산층의 경쟁력이 취약하게 되었기 때문이라고 지적하고 있다.

최근 7년간의 추세를 분석한 한국보건사회연구원의 홍석표 외(2003)는 경제위기 이후 시행된 중산 · 서민층을 위한 생활안정대책을 평가하면서 정부의 정책은 근본적인 문제 해결에 큰 효과가 없었으며, 특히 소득세 경감 등 중산 · 서민층을 위한 조세정책은 이들보다는 오히려 고소득층 근로자에게 더 큰 혜택을 주고 있다는 점을 지적하였다. 따라서 중산 · 서민층 생활안정을 위한 현재의 조세정책은 재검토되어야 한다고 주장하였다. 또한 사교육비 지출은 경제위기 이후 중산 · 서민층 가계에 큰 부담이 되고 있다고 보았다.

한편 이 시기에 중산층의 실체를 생활 및 소비문화의 측면에서 파악하고자 한 일부 연구가 주목된다(문옥표 외, 1992; 홍두승 · 이동원, 1993; 함인희 외, 2001). 우선 문화인류학자가 중심이 되어 연구한 「도시중산층의 생활문화」(문옥표 외, 1992)는 서울의 전형적인 중산층 거주지역인 강남의 아파트 지역을 대상으로 이들의 생활문화환경, 가족생활 및 주부의 생활세계, 소비자경제생활, 정치의식, 종교생활 등을 질문지조사 및 민족지적 방법을 통해 서술하고자 하였다. 이 연구에서는 중산층을 "귀족이나 상류층은 아니지만 안정된 경제 여건, 사회에서 선망되는 직업을 향유하며 그를 기반으로 최소한 자신들의 존재양식을 스스로 결정할 수 있는 상대적 자율성을 지닌 계층"으로 규정하면서, 보다 구체적으로는 20~60평형 아파트 거주자를 대상으로 하였다. 중산층의 범위를 주거실태를 기준으로 획정한 또 다른 연구인 홍두승 · 이동원(1993)은 중산층을 분양면적 25평 이상 36평 이하의 중형 아파트에 거주하는 가구로 규정짓고, 중형 아파트가 1,000세대 이상 밀집해 있는 단지를 '중산층 거주지역'으로 간주하였다. 이 연구의 주목적은 저소득층과 중산층의 공간적 분리 또는 혼재가 저소득층의 생활양식과 의식에 어떤 영향을 미치고 있는가를 분석하기 위한 것이었기 때문에 중산층은 단지 통제집단으로 활용되었다.

1997년 경제위기 이후에 이루어진 함인희 외(2001)의 연구는 각 계층간 소비취향의 차이를 설명하고, 특히 소비영역에 있어서 중산층의 정체성과 차별성을 분석하고자 하였다. 이 연구에서 중산층은 "스스로 중산층이라고 생각하는 사람들"로 규정되고 있다. 중산층을 객관적 기준에 따라 구분한 것이 아니라 주관적 귀속 계층으로 식별한 것이다. 즉 상층, 중산층, 하층 등으로 3분하고 각 계층을 또 다시 3분(상, 중, 하)하여 모두 9개의 범주로 구분한 후 이 중 하나를 선택하는 방법을 사용하였다.[16] 경제위기 이후의 중간계급 또는 중산층의 위상 변화에 관한 주목할 만한 사회학적 연구가 흔치 않은 상황에서 함인희 외(2001)의 연구는 중산층의 실체에 관해 많은 정보를 제공해 주고 있다고 볼 수 있다.

이와 동시에 계급연구 전통에 따른 중간계급 연구도 큰 흐름을 이어갔다(예: 김영모, 1997; 김석준, 1998). 이들 연구에서는 중산층(또는

16. 중산층 귀속의식은 6장에서 따로 다룬다.

중간계급)을 주로 직업 및 종사상의 지위에 따라 분류하고 있다. 김영모(1997: 43)는 「한국 중산층 연구」에서 비생산적 임금소득자를 신중산층으로, 소규모의 생산 및 소유권자를 구중산층으로 지칭하면서, 중산층의 계급적 · 계층적 성격은 동질적이 아니라는 점을 강조하였다. 구중산층의 범주 속에 농민을 포함시킴으로써 이들의 이질성을 부각시켰다. 김석준(1998)은 우리나라의 '신중간층'의 계급적 위치와 성격을 도시 '임금취득 중간층'을 대상으로 밝히고자 하였다. 이 범주 속에는 독립적 자유업종 종사자를 제외한 피고용 화이트칼라가 포함되고 있다. 그는 신중간층이 독자적 계급성격을 지닌 '(신)중간계급'을 형성하고 있는지 여부를 탐색해 보고자 하였는데, 이 인구층의 계급적 성격에 대해 어떠한 선입견이나 전제없이 중립적으로 접근하기 위해 '신중간층'이라는 용어를 의도적으로 사용하였다.

또한 1991~93년도에 걸쳐 이루어진 동아시아 4개국 중간계급 비교연구에 참여한 김경동(Kim, 1999), 양종회(Yang, 1999), 홍두승(Hong, 1999) 등은 홍두승의 계급분류틀을 사용하여 중간계급의 정치행동 및 태도(Kim, 1999), 문화와 생활양식(Yang, 1999) 등을 분석하였다.[17] 이와 비슷한 시기에 한국의 '신' 도시중간계급('new' urban middle class)에 대한 인류학적 연구가 외국학자에 의해 발표된 바 있다(Lett, 1998). 이 연구는 가족, 교육, 생활양식 및 태도 등 여러 영역에서 중간계급의 생활상을 그리면서 우리나라의 도시 신중간계급이 매우 지위지향적이라는 점을 강조하였다. 이 연구에서 대상으로 한 중간계급의 범주에는 대학교수, 공무원, 회사원, 기업주, 전문직 종사자, 종교인, 신흥부자 등의 다양한 직업군이 포함되어 있다.

이와 같이 우리나라에서의 중산층 연구는 여러 학문 분야에서 중간계급, 중간소득계층, 또는 거주지역 및 주택규모를 기준으로 한 중간계

---

17. 3장 참조.

층 등 상이한 대상을 지칭하면서 이들의 성격을 규명하려 노력해 왔다. 실제로 이들 대상 인구는 상당부분 중첩되고 있지만 그 실체를 보다 체계적이고 분석적으로 파악하는 작업은 계층연구에서 폭넓게 요구되고 있다. 이제 '중산층'은 '중간계급'도 아니고, '중간소득계층'도 아닌, 그러면서도 이들의 속성을 함께 아우르는 우리나라의 대중적 용어로 정착되어 가고 있다. '민중'이라는 말을 서구어로 번역하기가 쉽지 않듯이 '중산층'이라는 말도 마찬가지다. 그 구성원을 분석적으로 구분할 수는 있겠지만 이 용어가 궁극적으로 지칭하는 것은 포괄적이고 총체적인 하나의 계층집단이다. 이 연구의 목적은 바로 이 집단의 존재양상과 성향을 탐색하고자 하는 것이다.

3. 이 책의 구성

이를 위해 중간계층(계급)을 두 가지 서로 다른 시각에서 접근해 보고자 한다. 중간계층을 '계급'(class)으로 보는가 아니면 '지위집단'(status group)으로 보는가에 따라 접근방식이 달라진다. 그러나 이 두 개념이 반드시 서로 독립적인 것은 아니다. 지위는 계급적 위치에 의해 영향을 받을 수 있되 계급이 유일한 결정요소가 아니며, 계급적 지위(예컨대, 재산의 소유 여부)에 따라 지위가 달라질 수 있지만 재산이나 기업가적 위치가 곧 지위의 결정요소는 아닌 것이다(Weber, 1978: 302-307).[18] 베버가 계급과 별개의 개념으로 지위집단을 설정했을 때 그는 '공동체'를 염두에 두고 있었다. 공동체란 경제적 요인에 의해 결정되는 계급과는 달리 특정의 생활양식과 명예(status honor)를 공유하는 집단을 의미한다. 단순화시켜 본다면 계급이 경제적 요소를 중심으로 구성된 단일 척도의 개념이라면 지위는 비경제적 요소까지를 포함

---

18. 베버(Weber, 1978)에 따르면 '지위'(ständische Lage)는 생활양식, 공식교육, 세습적 또는 직업적 위신에 기초하고 있다.

한 복합 척도의 개념이라 할 수 있다. 따라서 본고에서는 '계급집단'으로서의 '중간계급'과 '지위집단'으로서의 '중산층'을 구분하고 이를 각각 제1부와 제2부에서 다루고자 한다.

제1부에서는 중간계층을 계급론적으로 접근하면서, 2장에서는 서구에서 생성된 중간계급이론의 연원과 발전과정을 검토하고 동아시아에서의 적용가능성을 탐색해 본다. 3장에서는 중간계급의 분류틀을 비교·검토한다. 4장에서는 한국사회의 계급구성의 변화를 살펴보고, 신·구중간계급의 내적 구성과 각각의 특징을 토의한다. 제2부에서는 중간계층을 계층론적으로 접근하면서 5장에서는 '중산층'의 개념규정과 경험적 적용을 다루고, 6장에서는 주관적 계층귀속의식 및 정치사회의식을 살펴본다. 7장에서는 지위집단으로서 중산층이 향유하고 있는 생활양식을 타 계층과의 비교를 통하여 탐색해 본다.

제1부
계급집단으로서의 중간계급

II. 중간계급이론의 연원과 발전

중간계급은 과연 하나의 계급을 이루고 있는가? 아니면 다양한 이해관계를 가진 여러 집단의 단순한 묶음에 지나지 않는 것인가? 대부분의 문헌에서는 '중간'에 위치한 집단에 주목하고 있지만 그 규모는 잘 특정화되지 않고 이것이 과연 하나의 '계급'인가에 대한 의문도 있다. 이 집단은 의식과 행동에서도 통일성을 찾을 수 없다는 것이다. 일부 학자들은 중간계급을 진정한 계급이 아니라 계층의 위계상 중간에 위치하는 사람들을 지칭하기 위한 단순한 기술적인 용어로 간주하고 있다(예컨대, Cole, 1950). 중간계급에 관한 이론은 서구의 구체적인 역사적 경험을 통해 발전되어 왔다고 볼 수 있으며, 그와 같은 서구적 경험이 비서구 사회에서도 그대로 적용될 수 있을지 여부는 논의의 대상이 되고 있다. 이 장에서는 이와 같은 주제를 중심으로 중간계급이론의 연원과 발전을 살펴보고자 한다.

중간계급의 계급적 성격에 대한 논의는 19세기 후반부터 증가하기 시작한 봉급생활자(salaried employees)들을 계급의 구도에서 어디에 위치시킬 것인가에서부터 출발하였다. 논의의 핵심은 자본가계급(부르주아지)과 노동자계급(프롤레타리아)[1]으로 양분화된 계급구조에서 봉급생활자들이 새로운 계급집단으로 규정될 수 있느냐 하는 문제제기로 요약되고 있다. 이러한 쟁점에 대해 몇 가지 입장들이 개진되어 왔다. 첫 번째는 봉급생활자들도 생산수단을 소유하지 않고 자신의 노동력을 팔아야 하기 때문에 노동자계급의 일부를 형성한다는 관점이고, 두 번째는 이들이 생산수단을 소유하고 있지는 않지만 육체노동에 종사하는 노동자계급과는 구분되는 '새로운' 계급이라는 관점이다. 두 번째의 관점은 다시 이들의 범위를 어떻게 한정짓느냐에 따라 구분된다. 즉 모든 정신노동자들을 모두 새로운 계급으로 간주하는가 아니면 이들 중 일부, 즉 전문 · 관리직 및 감독직 종사자만을 새로운 계급으로 규정하고, 일상적인 단순 정신노동자들은 육체노동자들과 함께 노동자계급으로 분류하느냐에 따라 노동자계급의 규모는 달라지고 있다.

이론적 관점에서 보면, 자본가계급과 노동자계급의 중간에 위치한 중간의 집단을 어떻게 규정하느냐에 따라 단순양극화 이론과 중간계급이론으로 나누어진다. 양극화 이론에서는 '중간집단'의 존재는 인정하되 이들을 계급구조의 바깥에 존재하는 중간계층(middle stratum)으로 간주함으로써 계급구조를 자본가계급 대 노동자계급으로 단순화시키고 있다. 반면에 중간계급이론에서는 중간계급을 독립적 계급으로 파악하고 있다. 그러나 중간계급과 관련된 대부분의 이론은 중간계급의 범위 획정을 둘러싼 논의라고 할 수 있을 것이다.

1. 계급양극화의 고전적 이론

계급양극화는 현대 자본주의 사회의 계급을 부르주아지(bourgeoisie)와 프롤레타리아(proletariat)로 양분한 마르크스로부터 출발하고 있

---

1. 일부 저작에서는 '노동자계급' 대신에 '노동계급'을 사용하고 있다(예: 구해근, 2002).

다. 마르크스-엥겔스의 〈공산당선언〉에 따르면, '부르주아지'는 사회적 생산수단의 소유자이자 임금노동의 고용주인 근대 자본가계급을 뜻하고, '프롤레타리아'는 자기 자신의 생산수단을 소유하지 못하고 생존을 위해 자신의 노동력을 팔아야 하는 근대 임금노동자계급을 뜻한다(Marx and Engels, 1972: 335, 각주).[2] 즉 자본주의 시대에는 두 개의 적대적 진영, 즉 부르주아지와 프롤레타리아 사이에 양극화가 존재해 왔으며 앞으로도 있을 것이라고 주장한다. "소상인, 수공업자, 농민 등 중간계급의 하층은 부분적으로는 이들의 소자본이 근대 산업을 수행하는 데 필요한 규모에 이르지 못하고 대자본가와의 경쟁에서 압도될 수밖에 없으며, 이들이 가진 전문화된 기술은 새로운 생산방식으로 인해 무용지물이 되고 있기 때문에 이들은 점차 프롤레타리아로 전락한다…"고 하였다(Marx and Engels, 1972: 341-422).

그러나 자본주의에 대한 마르크스의 설명은 그렇게 단순하지 않다. 자본주의적 생산양식이 실제로는 다른 양식과 공존하고 있음을 인정하고 있으며, 경험적 연구에서 마르크스는 두 개의 주된 계급 이외에 '중간적 계급'(intermediate classes)이 존재하고 있음을 부정하지는 않았다. 예컨대, 부르주아지의 한 부분으로 소규모 자산의 소유자인 소부르주아지(petite bourgeoisie)[3]나 새로운 사회에서 소멸되어 가고는 있지만 아직 공존하고 있는 봉건계급 등에 주목하고 있다. 이와 같은 전이적 계급은 자본주의적 생산양식의 발달에 따라 분해되고, 대규모 독점기업의 발달로 결국 다수의 소부르주아지와 소자본가는 프롤레타리아화된다고 본다. 마르크스는 여러 저작들을 통해 계급에 대해 서술하

---

2. 각 계급에 속한 사람은 각각 '부르주아'(bourgeois), '프롤레타리안'(proletarian)으로 지칭한다.

3. 'petite bourgeoisie' 또는 'petty bourgeoisie'는 '소부르주아지', '쁘띠부르주아지', '프티부르주아지' 등 다양한 용어로 번역되고 있다. 이 책에서는 국내 논저를 인용할 때 가급적이면 해당 저자가 사용한 용어를 그대로 쓰되 외국 저작의 경우는 '소부르주아지'로 통일하여 사용한다.

고 있지만 서로 상이한 분류범주를 제시함으로써 계급의 범주나 계급 분석이 오해되고 있거나 과잉 해석되기도 한다. '중간적 계급'(intermediate classes)이든 '중간계급'(middle class)이든 이들의 프롤레타리아화 가설은 마르크스 중간계급론의 요체가 된다.

마르크스와 엥겔스는 선진자본주의 사회에서 그 중요성이 커지고 있는 소위 신중간계급을 무시하고 있다고 비판받아 왔다. 그러나 여러 부분에서 마르크스는 자본가 및 노동자 이외의 계급의 중요성과 신소부르주아지(new petty bourgeoisie)의 증가를 지적하고 있다(Urry, 1973: 175-87). 마르크스가 '중간계급들'이 절대적으로나 상대적으로 그 규모가 증가할 것이라는 점을 인식하고 있었지만 이들을 실제로 계급구도 속에 포함시킨 저작은 보이지 않는다. 중간계급은 단지 사회를 변환시킬 의지나 힘을 가지지 못한 불안정한 집단으로 이해하고 있다.

마르크스는 후기 저작에서 봉급을 받는 관리자 및 감독자, 즉 봉급취득 중간층의 역사적 성장을 광범하게 논의하고 있다. 〈잉여가치론〉에서 마르크스는 기계가 노동자를 대신함으로써 자본가는 불생산적 고용자를 점점 더 고용하게 되었음을 지적하고 이들을 '중간계급'으로 지칭하였다(Marx, 1977: 393-414). 이 계급범주에는 군인, 하급관리, 예술가, 변호사, 의사, 학자, 교사 등이 포함된다. 물론 이들에게 부여된 계급의 명칭은 일상적 '계급'으로 이해해서는 안 된다고 보고 있다. 마르크스에 있어서 계급이란 역사분석의 도구로서 생산의 사회관계내의 위치에 의해 규정되고 있기 때문이다. 따라서 이들은 '계급'을 구성하는 것이 아니라 단지 이질적인 중간계층의 집합체일 뿐이라는 것이다.

마르크스는 프롤레타리아를 생산노동, 즉 임금을 얻기 위해 자본가에게 고용되어 있으면서 상품생산과정에서 잉여가치를 생산하는 노동으로 규정하였다. 물론 마르크스 자신도 생산-불생산의 엄격한 구분은 프롤레타리아의 범주를 정의내리는 데에 적절하지 않다는 점을 여러 부분에서 지적하고 있다. 예컨대, 감독직의 노동은 생산적이기도 하고 불생산적이기도 한 이중의 성격을 가지고 있다. 『자본론』에서는 감독직의 두 측면을 지적하고 있다. 즉 봉급을 받는 관리자 및 감독자는 노동과정의 협동을 위해 조정 기능을 수행하는 한 임금노동자의 한 부류라는 것이다. 그러나 잉여가치를 착취하도록 하는 한 이들은 노동과정에 대한 자본가적 지배의 직접적인 대행자로서 다른 노동자들과 적대적 관계를 갖게 된다고 본다.

2. 신중간계급론의 등장

'신중간계급'(new middle class)은 19세기 말 서구에서 지속적으로 증가하고 있던 공무원, 기술자, 감독자, 사무직, 판매직 근로자들을 지칭하기 위해 등장한 용어다. 마르크시즘에 반대하여 신중간계급이 사회제 계급의 전체적 균형에 있어 중요한 안정세력이 될 것이라는 견해를 가진 사람들은 이들이 구중간계급과 함께 자본과 노동의 상반된 이해관계를 조정하는 중재자 역할을 할 것으로 보았다. 신중간계급의 성장은 산업, 상업, 노동조합 및 국가관료조직의 규모가 커진 결과였다. 이러한 신중간계급에 대한 이정표적인 연구는 레더러에 의해 쓰여졌다(Lederer and Marschak, 1995). 그는 1912년에 발간된 저서에서 정통 마르크스적 해석은 계급의 층화를 지나치게 단순화시키고 있다고 주장하였다. 레더러에 따르면 봉급생활자는 두 계급 사이의 중간적 위치를 점하고 있는 것으로 분류되어야 한다는 것이었다.[4]

중간계급의 성격과 관련하여 정통 마르크시스트와 수정주의자간의

---

4. 레더러는 *Die Privatangestellten in der modernen Wirtschaftentwicklung* (Tübingen, 1912) 중 일부를 "The Problem of the Modern Salaried Employee: Its Theoretical and Statistical Basis"라는 제목으로 발표하였다. 1926년에 Emil Lederer와 Jacob Marschak은 "Der Neue Mittelstand"를 *Grundriss der Sozialökonomik*에 발표하였고, 이 중 일부가 1937년에 "The New Middle Class"라는 제목으로 발표되었다(Lederer and Marschak, 1995).

논쟁은 주목을 요한다. 계급구조에 대한 상반된 두 이론은 19세기 말 독일에서의 논쟁에서 출발한다. 정통 마르크시스트는 프롤레타리아는 모든 임금 및 봉급 노동자로 구성되어 있다는 것이고, 수정주의자의 경우 프롤레타리아는 육체 임금노동자에 제한되며 모든 수준의 화이트칼라 노동자는 중간계급에 속한다는 것이었다. 정통 마르크시스트는 모든 화이트칼라 노동자들을 프롤레타리아로 간주하여 잠재적으로는 혁명적 성향을 띤 세력으로 보았으며, 수정주의자는 이들을 중간계급으로 파악하여 혁명에 저항하는 세력으로 보았다. 정통파 이론가들은 프롤레타리아의 규모를 과장하고 그들의 정치적 · 이데올로기적 차이를 과소평가한 반면에, 수정주의 이론가들은 지위의 차이를 계급의 차이로 재해석하면서 프롤레타리아의 규모를 최소화하였다.

이러한 견해에 대해 독일의 사회민주당 지도자들의 입장은 나뉘게 된다. 당내 주류는 신중간계급의 개념을 부정하고, 정통 마르크시스트의 입장을 확인하면서 봉급생활자를 프롤레타리아의 한 부분으로 간주하였다. 즉 이들의 물질적 상황이 프롤레타리아와 동질화되기 때문에 궁극적으로는 프롤레타리아 운동과 연합하게 될 것이라고 하였다. 이에 반해 당내 또다른 집단은 신중간계급의 개념에 대해 보다 수용적인 입장을 보였다. 이러한 수정주의적 견해를 옹호하는 사람들은 계급양극화 이론을 강력하게 비판하였으며, 중간계급소멸론을 부정하였다. 베른슈타인(Bernstein, 1961)은 경제활동의 측면에서 볼 때 사회는 단순화된다기보다는 점점 등급화되고 분화된다고 하였다. 현대 자본주의 사회에서 소부르주아지는 소멸되는 계급이 아니라 상대적으로나 절대적으로 증가하는 계급이고, 화이트칼라 또한 그 수가 증가하고 다양화함으로써 노동자계급은 내적으로 분화되어 가고 있다고 보았다.

한편 1차대전의 경제적 영향은 신중간계급의 성장에 추진력을 주었다. 전쟁경제는 경제적 집중현상과 관료화 경향을 촉진하면서 봉급생활자를 팽창시키는 결과를 낳았다. 전후 첫 센서스인 1925년까지 봉급생활자는 약 10.9%로 증가하였다. 전쟁 기간을 통하여 봉급생활자들의 경제적 위상의 하락을 지켜보면서 레더러는 그의 입장을 수정하게 된다. 즉 계급간 중간적 위치의 가능성을 부정한 것이다(Lederer and Marschak, 1995). 전후 몇 년간 화이트칼라 노조원은 크게 증가하였으며, 파업에 참여하거나 육체노동자와 함께 노동자위원회에 참여하기도 하였다. 그러나 이들은 곧 정치적으로 우경화되기 시작하였다. 그들은 경제적으로는 프롤레타리아와 구분되지 않지만, 사회적 지위에 있어서는 별개의 집단을 형성하고 있었다. 그러다가 이후 국가사회주의가 등장하게 된다. 1928~30년 사이에 나치에 대한 지지율은 2.6%에서 18.3%로 크게 증가하여 사회민주당 이후 최대 정당으로 성장하였다. 1930년대 초반까지 수정주의 입장의 대표적인 인물인 가이거(Geiger, 1930)는 파시즘의 등장을 경제적으로 위협을 받게 된 중간층(middle strata, 하위의 봉급생활자)의 반동이었다고 해석하였다. 「중간계급의 공포」라는 논문에서 중간층의 프롤레타리아화는 노동자와의 연대로 나타나기보다는 오히려 그 반대의 결과를 가져왔다고 주장하였다. 블루칼라 노동자와의 사회경제적 차이가 감소할수록, 화이트칼라는 그들의 지위 차이를 유지하기 위하여 보다 능동적으로 투쟁한다는 것이다. 지위의 상실을 두려워하면서도 자신의 이익을 보호하기 위한 조직화가 어려웠던 중간층은 특히 파시즘의 호소에 이끌릴 수밖에 없었다.

신중간계급에 대한 레더러의 관심은 그의 제자인 스파이어에 의해 이어졌다. 스파이어(Speier, 1986)는 독일 바이마르공화국(1918~33)에서 신중간계급(행정직, 감독직, 사무직, 판매직, 전문직 봉급생활자)의 역할에 대해 관심을 가졌다. 특히 이들과 구부르주아지 및 노동자계급과의 지위 경쟁에 대해 분석하였다. 이러한 투쟁이 국가의 구조와 혁명에 대한 전망에 어떤 영향을 미쳤는가를 보여주고자 하였다.[5]

---

5. 스파이어의 책은 1932년에 쓰여졌으나 정치적인 이유에서 출간되지 못하였다가

3. 마르크스주의자의 중간계급론

마르크스의 계급이론은 20세기에 들어오면서 많은 수정을 겪게 된다. 즉 전통적인 마르크시스트 계급분석을 생산관계로서의 계급의 틀 속에서 수정하려는 다양한 시도들이 있었다. 마르크스주의 이론가들은 고전적 이론의 틀을 고수하면서도 그 이후의 사회적 변화를 반영해야 하는 현실적 문제에 부딪치게 되었다. 예컨대, 프랑스 좌파의 정통적 입장은 프랑스공산당의 이론가들에 의해 국가독점자본주의에 대한 분석의 일환으로 개진되었다(Ross, 1978). 이들은 자본주의 사회에는 부르주아지와 프롤레타리아의 단 두 개의 진정한 계급이 있다는 입장에서 출발하고 있다. 이들 사이에는 광범한 중간계층(couches intermédiaires)이 있는데, "중간계층은 엄밀한 의미에서 하나 또는 그 이상의 계급을 형성하지 않는다. 단일한 중간계급이 존재하는 것이 아니라 분화된 여러 사회계층이 중간에 위치하고 있다"는 것이다. 계급의 관점에서 볼 때 봉급생활자, 기술공, 엔지니어, 연구종사자 등은 중간의 위치에 있지만 이들은 노동자계급에 더 근접해 있다고 보았다.

1960년대의 대격변의 시기를 거친 후 1970년대에 들어서 마르크시스트 사이에서 중간계급과 다른 계급간의 경계를 명료하게 하고자 하는 많은 노력들이 있었다. 이들은 계급의 구도를 대체로 부르주아지와 프롤레타리아의 두 축을 중심으로 설정하면서도 입장은 다양한 형태로 나타났다. 말하자면 생산적 육체노동자만을 프롤레타리아로 간주해야 한다거나(Poulantzas, 1975), 노동자계급에는 하위의 화이트칼라도 포함해야 한다거나(Szymanski, 1983), 모든 임금노동자는 노동자계

1977년에 되어서야 독어로 출간되었다. 그후 스파이어는 미국으로 건너가 New School for Social Research의 교수가 되었으며, 이 책은 다시 저자 자신이 영어로 번역하여 1986년 출간하였다.

급으로 간주해야 한다고 하는 등 다양한 입장을 보였다(Freedman, 1975).

특히 중간계급 또는 중간계층의 존재와 관련하여 풀란차스(Poulantzas, 1975)는 이와 같은 새로운 임금획득 집단을 '신소부르주아지'라고 지칭하였다. 신소부르주아지는 전통적인 소부르주아지와 함께 동일한 소부르주아지에 속한다는 것이다. 그러나 사회계급은 계급투쟁의 틀 속에서만 존재하기 때문에 소부르주아지는 부르주아지와 프롤레타리아의 두 기본계급과 동일한 기반에 놓여 있는 것은 아니라고 보았다(pp.204-206). 신소부르주아지로 지칭되는 새로운 임금취득 집단은 전통적 소부르주아지를 결코 따르지 않을 것이기 때문에 새롭게 등장한 것이라 할 수 있다. 이는 경제적 관계에서뿐만이 아니라 사회분업의 측면에서도 파악해야 하기 때문이다. 신소부르주아지는 경제적 소유를 갖지 않고 생산수단을 소유하고 있지 않는 한 부르주아지에 속하지 않으며 이들은 임금이나 봉급의 형태로 보상받는 임금노동의 현상을 보여주고 있다고 한다(p.209).

노동자계급을 정의함에 있어 풀란차스는 마르크스의 생산적 노동과 불생산적 노동의 구분을 따르고 있다. 생산노동이란 자본주의적 생산양식에 있어 임금노동이 잉여가치를 창출하는 노동이고 불생산노동은 자본가의 이윤에 의해 지불되는 노동을 가리킨다. 풀란차스의 입장은 라이트에 의해 비판적으로 보완되고 있다. 라이트는 풀란차스의 저작에서 출발하고 있다. 풀란차스의 기본적인 결론은 잉여가치를 직접 생산하는 육체·비감독적 노동자(생산적 노동, productive labour)만이 프롤레타리아에 포함되어야 한다는 것이다. 따라서 임금노동자의 다른 범주들(비생산적 피용자, 정신노동자, 감독적 노동자)은 별개의 계급('신소부르주아지'나 '부르주아지')으로 분류되어야 한다고 한다. 라이트(Wright, 1978: 43-44)는 풀란차스가 경제적 수준에서 노동자계급과 신소부르주아지의 경계를 결정짓는 요소로 생산적 노동과 불생산적 노동의 구분을 사용한 것에 대해 그 근거가 희박하다고 보았다. 또한 전통적인 소부르주아지와 신소부르주아지가 동일한 계급의 구성원이라는 풀란차스의 주장을 다음과 같은 이유에서 비판하였다. 신·구소부르주아지간의 이념적 차이는 적어도 이들간의 공통성만큼이나 크고, 이념적 관계가 계급위치를 결정하는 데 부분적 역할을 할 수는 있겠지만 이것이 경제적 수준에서 결정되는 상이한 계급적 위치를 중화할 수 없기 때문이라는 것이다. 더불어 경영자가 소유관계의 어떤 측면에 참여한다고 하더라도 이들 모두가 부르주아지의 한 부분으로 간주되어서는 안 된다고 주장하였다. 라이트가 풀란차스에 대해 가한 비판 중 가장 중요한 것은 계급구조내에 있는 모호한 위치와 관련된다. 계급구조내의 모호성을 다루는 대안적 방법으로 라이트는 일부 위치를 '계급구조내에서 모순적인 위치'를 점하는 것으로 간주하여야 한다고 보았다. 즉 이들 위치를 특정 계급에 인위적으로 귀속시키기보다는 모순적 위치 그 자체로서 연구할 필요가 있다고 한 것이다(pp.61-62).

한편 카르체디(Carchedi, 1977)는 독점자본주의 단계에 이른 선진자본주의 국가에서 주요 사회계급의 식별은 여러 추상화 단계에서 연구되어야 한다고 보았다. 즉 순수 자본주의 구조에서는 생산과정과 생산관계의 측면에서 계급이 자본가계급과 노동자계급으로 2분화된다고 하였다. 그러나 보다 구체적인 사회경제체제의 수준에서 생산 및 소비관계, 그리고 경제구조와 상부구조의 관계에서 볼 때 이와 같은 구분은 신·구중간계급을 고려해 수정되어야 하다고 보았다. 독점자본주의하에서 노동의 기능은 집합적 노동자들(collective workers)에 의해 수행되고, 자본의 기능, 즉 통제와 감독은 자본가를 대체한 위계적인 관료제 구조에 의해 수행되기 때문에 신중간계급의 성장은 독점자본주의에서 나타나는 전형적인 현상이라고 보았다. 신중간계급은 생산수단을 소유하고 있지 않으면서 자본의 전역적(全域的, global) 기능을 수행하는 사람들로 규정된다. 특히 신중간계급은 자본의 전역적 기능과 집합적 노동자의 기능이 여러 형태로 결합되어 있다고 보았다. 신중간계급은 구중간계급과는 달리 실제 생산수단의 소유자가 아니면서 자본의 기능 중 일부를 수행한다. 그러나 중간계급이 집합적 노동자의 기능을 수행할 때 이들은 착취되거나 경제적으로 억압받는다. 한편 구중간계급은 생산수단의 실제 소유주이고 주요 기능이 자본의 기능이기 때문에 이들은 착취자나 경제적 억압자가 된다. 반면에 신중간계급은 실제 소유자가 아니고, 자본의 전역적 기능 역시 이들에게 주된 것이 아니기 때문에 이들이 반드시 착취자나 억압자가 되는 것은 아니다. 이러한 이유에서 구중간계급은 언제나 자본의 편에 서나 신중간계급은 부분적으로 자본의 편에 서지만 부분적으로는 노동의 편에 선다고 주장하였다(pp.88-89). 카르체디는 중간계급을 "생산관계의 수준에서 생산수단을 소유하든 아니든간에 집합적 노동자의 기능과 자본의 기능을 수행하고, 노동자인 동시에 비노동자이며, 착취자(억압자)이면서 피착취자(피억압자)이기도 한 모든 생산자"라고 정의내리고 있다(p.91). 그러나 카르체디는 신중간계급은 그 노동의 질이 평가절하되고 이들이 갖는 자본의 전역적 기능이 점진적으로 소멸하면서 프롤레타리아화 과정을 겪어나간다고 하였다.

중간계급의 프롤레타리아화에 관한 전반적인 설명은 코리(Corey, 1935) 등에 의해 이미 1930년대에 개진된 바 있다. 코리에 의하면 과거 자본주의 발전과정에서 크게 공헌하였던 중간계급은 1930년대에 이르러서는 무산자가 되었다는 것이다. 예컨대, 영국에서는 1930~32년 사이에 6명 중 1명꼴로 독립기업이 몰락하였다고 한다. 다수의 무산자는 점점 더 낮은 생활수준으로 떨어졌으며, 특히 중간계급은 중간집단의 단순한 집합체로 전환되었다고 보고, 이들은 프롤레타리아와 연합하여야 한다고 주장하였다. 프롤레타리아화에 관한 논쟁의 대부분은 일상적인 화이트칼라 노동자의 지위에 집중되어 있었다(Braverman, 1975).

풀란차스(Poulantzas, 1975), 카르체디(Carchedi, 1977), 라이트

(Wright, 1978) 등의 입장은 마르크스 계급론자들 사이에서 광범하게 답습되고 있다. 계급을 생산관계로 규정하는 마르크스적 개념화를 따르면서 중간계급의 실체에 대해 의미를 부여하고 있는 시만스키(Szymanski, 1983)는 자본주의 사회는 자본가계급(부르주아지), 중간계급(소부르주아지), 노동자계급(프롤레타리아) 등 세 기본계급으로 구성된다고 보았다. 중간계급은 권력과 착취의 측면에서 자본 및 노동 사이에 위치하는 중간적 존재라는 것이다. 이 범주 속에서는 자신의 노동력은 통제하지만 타인의 노동력은 통제하지 않는 독립 경영자, 소농, 기능인, 독립적인 전문직 종사자 등이 속한다. 이와 함께 상당한 자율성을 가지고 있으면서 자본의 지침에 따라 타인의 노동력을 통제하지만 경제적으로는 소유하고 있지 않은 경영자 등이 포함된다. 이러한 모든 집단들은 경제적 관계에 있어 권력의 정도가 비슷하여 하나의 사회계급을 이룬다고 보았다(pp.85-86). 시만스키는 단지 두 계급으로만 구성되어 있는 사회는 생존가능하지 않으며, 중간적 계급은 착취와 감독을 위해 필수적인 존재라고 보았다. 중간계급에는 국가 및 개인기업에서의 경영관리자, 국가 및 기업에 고용된 전문직 등 신중간계급(신소부르주아지), 그리고 전통적인 중간계급인 구소부르주아지가 포함된다. 신 · 구 소부르주아지는 공통의 경제 상황으로 인해 본질적으로 비슷한 생활 경험을 가지고 있다고 보았다. 유사한 계급 상황은 이들을 노동자 및 자본가로부터 소외시키면서 상호간 비슷한 정도로 사회적 접촉을 하게 한다는 것이다. 그러나 이 계급은 계급의식, 소득, 생활양식, 가치, 문화 및 정치적 태도 등에서 다양성을 보여주고 있음을 지적하고 있다(p.185).

4. 베버주의자의 중간계급론

베버주의자들은 계급을 경제적 기준으로 파악하고 있다는 점에서는 마르크스주의자와 크게 다를 바 없다. 베버(Weber, 1978: 302-307) 자신도 마르크스와 같이 자산의 소유 여부를 계급 상황의 기본 범주로 간주하였다. 그러나 마르크스가 계급을 생산관계에서 이해하는 반면, 베버는 노동시장의 관점에서 해석한다. 그는 생산과정에서 자본가에 의한 잉여노동의 착취보다는 분배의 불평등을 강조한다. 계급이란 노동시장에서 비슷하게 위치한 개인들의 범주를 가리키는데, 이들은 물질적 · 비물질적 보상을 획득하는 데 있어 동일한 기회, 즉 공통의 생활기회(life chances)를 가지고 있다(Weber, 1946: 181). 그러나 베버주의적 시각을 갖는 학자들이 반드시 일치된 견해를 보이고 있는 것은 아니다. 따라서 여기서는 밀즈, 다렌도르프, 로크우드, 기든스 등 대표적인 베버주의자들의 견해를 중심으로 중간계급에 대한 이들의 이론을 정리해 보고자 한다.

20세기 전반부에 발표된 중간계급에 관한 대부분의 저작들은 유럽지역에서 발간된 것이었다. 이러한 이유에서 밀즈(Mills, 1951)의 저작은 영어권에서 출판된 초기의 연구 중의 하나로 주목을 받고 있다. 밀즈의 미국사회 중간계급 연구는 나치하에서 미국으로 망명한 스파이어(Speier, 1939, 1986) 및 거스(H.H. Gerth) 등의 연구에서 많은 영향을 받았다. 밀즈는 화이트칼라 노동자가 수적으로 크게 증가하면서 사회가 기업가와 임금노동자로 구분되리라고 기대하였던 19세기식 전망은 더 이상 타당하지 않다고 보았다. 신중간계급 성장의 원인으로 기술변동이 노동생산성을 높여 생산노동자에 대한 수요를 축소시켰고, 대규모 기업은 대규모 마케팅 및 공급에 필요한 인원을 필요로 하였으며, 기업규모의 성장과 정부활동 영역의 확대는 조정, 행정, 관리에 필요한 인력 수요를 증가시켰다는 점을 지적하였다. 미국사회에서 1870년에서 1940년 사이에 중간계급 중 화이트칼라 노동자의 비율은 15%에서 56%로 증가한 반면, 구중간계급은 85%에서 44%로 감소하였음에 주목하고, 이러한 추이는 "부정적으로 보면 중간계급의 구성이 유산자에서 무산자로 변화한 것이지만, 긍정적으로 보면 계층의 축이 자산으로부터 직업으로 변화한 것이다"라고 하였다(Mills, 1951: 64-65). 직업은 기술 및 기능뿐만 아니라 계급, 지위 및 권력과도 연결되어 있는데 '계급 상황'은 수입의 규모 및 근원과 관련되어 있으며, 오늘날 대부분의 사람들에게 수입의 출처는 자산이 아니라 직업이 되고 있다고 보았다. 물론 자산이라는 측면에서 보면 화이트칼라 노동자도 임금노동자와 마찬가지로 무산계급에 속하지만, 소득의 규모와 출처를 볼 때 화이트칼라 노동자는 임금노동자와 명백히 구분된다는 것이다. 그러나 이들간의 격차는 점차 축소되었으며 객관적으로 보면 화이트칼라 노동자의 구조적 위치는 임금노동자와 유사해지고 있다고 보았다. 교육의 기회가 임금노동자들에게도 보편화되고 화이트칼라 직무에 필요한 많은 기술들이 점차 단순화되면서 화이트칼라와 임금노동자간의 간격이 더 가까워질 것으로 예측하였다(pp.297-98).

밀즈는 그러나 이러한 경향이 신중간계급의 보편적 현상이라기보다 하위 화이트칼라층인 판매직이나 사무직 노동자에 주로 해당되며, 전문직이나 고위 경영자는 포함되지 않는다고 하였다. 그는 화이트칼라와 임금노동자의 객관적 위치가 점차 비슷해진다고 하지만 이와 같은 변화는 화이트칼라 노동자의 지위가 하락해서가 아니고 임금노동자의 상승을 통해 이루어져 왔다는 점에 주목해야 한다고 하였다(pp.299-300).

이와 유사한 맥락에서 마르크스 이론을 비판한 다렌도르프(Dahrendorf, 1959)는 양극화된 두 사회계급은 오늘날 더 이상 존재하지 않으며 수정되지 않은 마르크스 이론은 선진산업사회의 구조와 갈등을 설명하지 못한다고 주장하였다(pp.56-57). 후기자본주의 사회에서는 소유자와 경영자가 분리되고 기술수준에 따라 이해관계가 나뉘며, '신중간계급'이 등장하는 등 계급구조는 마르크스가 생각한 것보다 훨씬 다양화되고 있다고 보았다. 다렌도르프는 중간계급을 둘러싸고 상반된 두 입장이 있지만 이들이 각기 서로 다른 집단을 가리키고 있는 경우가 흔하기 때문에 이들 두 입장이 반드시 서로 배타적이라고 할 수는 없다고 하였다. 즉 중간계급 구성의 이질성에 주목한 것이다. 하나의 견해는 '신중간계급'은 자본가계급(또는 지배계급)의 외연이며 이러한 의미에서 지배계급의 한 부분을 이룬다는 것이고, 또 다른 견해는 신중간계급은 프롤레타리아의 외연은 아니라 하더라도 지배계급보다는 노동자계급에 더 가까운 위치에 있다는 것이다(pp.54-55). 말하자면 지배계급이론은 예외 없이 관료의 지위에 적용되고 노동자계급이론은 화이트칼라 노동자의 사회적 지위에 적용되고 있기 때문이다. "봉급생활자의 등장은 부르주아지와 프롤레타리아의 외연 확장을 의미하는데, 관료는 부르주아지에 추가되고 화이트칼라 노동자는 프롤레타리아에 추가된다"(p.56)고 하였다. 그러나 다렌도르프는 화이트칼라 노동자가 산업노동자와 마찬가지로 자산이나 권위를 가지고 있지는 않지만 이들은 과거 노동자계급이 가지고 있었던 특성과는 사뭇 다른 사회적 특징을 많이 보여주고 있다고 하였다. 마찬가지로 관료들도 권위 행사에 일정 부분 참여하고 있지만 과거 지배계급과는 다르다고 보았다. 때문에 계급의 개념이 후기자본주의 사회에서의 갈등집단에 적용될 수 있는지도 의심스럽다고 하였다.

다렌도르프의 계급은 자산의 소유 여부에 의한 것이라기보다는 권위의 소유 및 비소유에 의해 특징지어지고 있는데, 여기에 자산은 단지 권위의 한 종류로 간주되고 있다. 신중간계급의 일부는 이러한 권위를 소유하고 있고 다른 부분은 그렇지 못한 것이다. 국가나 기업내에서 권위를 가지고 있느냐 그렇지 못하느냐에 따라 이해관계가 상반되고 이러한 상이한 이해관계는 계급갈등을 유발할 수 있으며 이는 신중간계급내에서도 가능하다고 보았다.

한편 화이트칼라 노동자의 성격을 계급의식을 통해 규명해 보려는 노력이 로크우드(Lockwood, 1958)에 의해 시도되었다. 그는 사무직 종사자의 계급의식을 다루면서 '화이트칼라 노동자' 대신에 '블랙코트 노동자'(blackcoated worker)라는 용어를 사용하였다. 생활수준은 노동자계급과 유사하면서 스스로 '중간계급'에 속하는 것으로 생각하고 있는 이들의 '허위의식'에 논의의 초점을 맞추었다. 육체노동자와 사무직 노동자 모두가 무산자이고 계약노동에 종사한다고 해서 이들이 반드시 동일한 '시장 상황'(market situation)을 공유한다고 보지 않는다. 블랙코트 노동자가 육체노동자와 마찬가지로 무산자의 지위를 가지고 있지만 사무직 노동자는 소득, 노동안정성 및 직업이동의 측면에서 볼 때 프롤레타리아가 결코 아니라는 것이다(pp.203-204). 이들은 육체노동자들에 비해 물질적 우위를 향유해 왔으며, '노동 상황'(work situation) 및 '지위 상황'(status situation)에서도 육체노동자와는 크게 다르다고 보았다. 유럽국가들에서 노동자계급은 노동의 육체적 성격 때문에 중간계급의 지위에서 배제되었다. 물론 블랙코트 노동의 사회적 지위와 위신이 낮아짐에 따라서 중간계급과 노동자계급을 구획하는 선이 불분명해진 것은 사실이지만 비육체노동의 전통적 우위가 지난 반세기간의 변화를 통해 완전히 사라진 것이 아니라고 보았다(p.210).

사무직 노동자와 생산직 노동자의 차이가 축소되어 왔음에도 불구하고 화이트칼라 노동자와 블루칼라 노동자 사이에 명백한 계급 차이가 존재한다는 점은 기든스(Giddens, 1973)에 의해서도 지적되었다. 그는 영국과 미국에서 제1차 세계대전을 거치면서 사무직 노동자의 수입이 상대적으로 감소하여 비육체노동자[6]와 육체노동자의 경계 부분에서 어느 정도 중첩이 나타나게 되었지만, 화이트칼라 노동자가 직장의 안정성, 승진 기회, 각종 부가적 혜택 등에서 전통적으로 누려온 우

6. 일반적으로 '비육체노동자(non-manual worker)'는 '화이트칼라 노동자' 및 '신중간계급'과 상호교환적으로 사용되고 있다.

위는 결코 사라지지 않았다고 주장하였다. 또한 교육 및 기술·자격 등에서 화이트칼라 노동자들이 갖는 시장능력의 우위는 블루칼라 노동자와의 경제적 차이를 가져왔으며, 이들간 중첩이 있더라도 이는 대부분 숙련 육체노동자와 사무직·판매직 근로자 사이에서 나타난다고 보았다(pp.180-81).

기든스는 계급형성에 있어 사회이동의 중요성을 강조하였다. 즉 이동기회의 폐쇄 정도가 높을수록 계급형성은 더 분명해진다고 한다. 19세기 말 이후 자본주의 사회에서 육체-비육체 노동의 경계선을 넘어 상당한 정도의 세대간 상향 이동이 있었으나 이는 주로 화이트칼라 영역의 상대적 확대에서 기인한 것이며 육체-비육체 노동 사이의 이동은 주로 단거리에 국한되었다는 것이다. 그는 여러 사회이동연구 결과를 토대로 제1차 세계대전 이후 육체노동자와 비육체노동자간의 이동률에는 큰 변화가 없었다는 점을 밝히고, 육체노동과 비육체노동의 계급분화의 주요 근원으로 사회이동 기회에 따른 계급구조화의 중요성을 부각시켰다.

기든스는 화이트칼라와 블루칼라 노동의 차이는 근대 대규모 공장제가 도입되면서부터 존재해 왔다는 점을 지적하였다. 사무직 종사자는 시장능력이 약한 편이지만 그 노동조건은 현장의 육체노동자보다 고위 관리직 종사자에 훨씬 더 근접해 있음을 강조하고 있다. 이 점에 있어서 기든스는 로크우드와 견해를 함께 한다. 기든스는 계급구조화의 근거로 특히 사무직 종사자와 육체노동자가 활동하는 공간이 물리적으로 분리되어 있다는 점을 지적하고 있다. 사무직 종사자가 근무하는 사무실은 생산현장과 분리되어 있고 때로는 그보다 높은 층에 위치함으로써 사무실 근무자들은 생산현장의 노동자들을 공간적으로 내려다보게 된다는 것이다. 육체노동자들은 열악한 조건하에서 강하고 소모적인 노동에 종사하고 있지만, 사무직 종사자들은 상대적으로 청결한 환경에서 근무하며 담당하는 임무도 주로 상징적인 자료들을 다루는 일이라는 것이다. 또한 사무직 노동자들은 육체노동자들과 직접 접촉하는 일이 거의 없는데 이와 같은 두 집단간의 분리는 산업조직의 가장 두드러진 특성 중 하나라고 할 수 있다. 이는 서구사회에서뿐만 아니라 일본의 산업에서도 동일하게 나타난다고 하였다(pp.182-83). 이들간의 물리적 공간의 분리는 거주지에서도 나타나 중간계급과 노동자계급 거주지역이 대비된다. 거주지의 분리는 계급관계를 가장 가시적으로 보여주는 것이라 할 수 있다(p.184).

기든스는 특히 마르크스주의자들이 화이트칼라 노조화와 기계화의 영향을 근거로 대다수의 화이트칼라 노동자들이 프롤레타리아로 전락할 것이라고 주장한 데 대해 반론을 제기하고 있다. 그는 화이트칼라 노조의 성장과 기계화가 결코 중간계급과 노동자계급을 서로 중첩시키는 요인으로 작용하지는 않을 것이라고 주장하였다. 화이트칼라 노조가 성장한 것은 단순히 비육체근로자들이 증가하였기 때문이며 이것이 노동운동 전체에 대해 큰 영향을 미치는 것은 아니라는 것이다. 또한 사무직 노동이 기계화됨으로써 사무직과 육체노동의 차이가 점진적으로 소멸될 것이라는 주장은 잘못된 것이라고 지적하였다. 그는 기계화와 자동화의 개념을 구분해야 한다고 보았다. 사무직의 자동화 경향은 사무직 종사자의 프롤레타리아화를 촉진시키는 것이 아니라, 단순 사무직 종사자에 대한 수요를 감소시키고 고학력 숙련인력을 더 요구한다는 사실을 강조하였다(pp.192-94).

5. 동아시아의 중간계급론

중간계급과 관련된 기존의 이론들은 대부분이 서구 선진자본주의 사회의 역사적 경험에 바탕을 둔 것이라 볼 수 있다. 서구의 경험이 비서구사회, 특히 동아시아에서도 비슷한 양상으로 나타나고 있는지 여부에 대해서는 논란의 여지가 많지만, 비서구사회를 설명하는 데 있어서도 마르크스 및 베버적 접근은 대체로 그대로 수용되어 왔다.

동아시아의 경우, 일본에서의 중간계급 연구는 비교적 긴 역사를 가지고 있다. 일본사회의 중간계급에 대한 연구는 전통적인 마르크시스트 계급이론과 미국식 계층연구의 틀을 따르는 계층론적 접근이 두 주류를 이루어 왔다.[7] 2차 세계대전 이전의 일본의 사회계층 연구는 마르크시스트적 관점이 주류를 이루었고 따라서 중간계급이 쇠퇴할 것이라는 견해가 보편적이었다(Okada, 1963: 74). 그러나 마르크스주의적 입장을 취해왔던 일본의 학자들도 마르크시즘이 새롭게 등장하는 대중사회를 적절하게 설명할 수 없음을 인정하게 되었다. 예컨대, 오오코우치(大河内, 1960)는 일본에서 화이트칼라 노동자를 중심으로 한 신중간계급의 급격한 증가가 있음을 지적하고 일본의 상황이 더 이상 마르크스적인 중간계급의 몰락으로 설명될 수 없음을 밝힌 바 있다. 이들 학자들은 대중사회에서 화이트칼라 노동자들이 소외되고 있으나 이러한 소외감은 노동자계급과의 연대감과 동일의식을 강화함으로써 극복할 수 있다고 하였다.

또한 마르크스적 입장을 취하는 타누마(Tanuma, 1963)와 같은 학자는 일본의 신중간계급은 일본사회에서 상대적으로 적은 부분을 차지하고 있으며 미국의 중간계급과는 다르다고 보았다. 일본에서의 중간계급은 오히려 농민, 소규모 제조업자, 상인 등의 구중간계급에 더 중요성을 두어야 한다고 하였다. 그는 1960년도 인구센서스 표본자료를 바탕으로 자본가 2.3%, 도시중산계급(소규모 제조업자, 소상인 및 전문직) 15.0%, 농민 30.7%, 그리고 노동자계급 52.0%로 추정하였다. 도시중간계급은 중요한 역할을 하고 있지만 이들은 언제 대규모 독점기업에 예속될지 모르기 때문에 미래에 대한 불안감을 가지고 있다고 보

---

7. 일본의 중간계급에 관한 논저 중 영문으로 발표된 것은 제한적이다. 보겔(Vogel, 1963), 오다카(Odaka, 1966), 스티븐(Steven, 1983: 122-54) 등을 열거할 수 있다.

았다. 이러한 주장은 40여년 전의 노동인구 분포를 근거로 개진된 것이므로 그 이후 일본사회의 변화상을 감안한다면 지금은 다른 결론에 도달할 수도 있을 것이다.

한편, 계층론적 접근의 대표적인 것으로는 SSM(Social Stratification and Social Mobility; 사회계층 및 사회이동) 조사자료를 활용한 연구들을 들 수 있다. 1952년 일본사회학회가 일본의 주요 6개 도시를 대상으로 한 사회계층연구를 시작으로(오다카 · 니시히라, 1953), 1955년에는 이것이 전국 수준으로 확대되었다. 이 조사는 그후 10년마다 실시되어 1995년에는 다섯 번째 조사가 이루어졌고 그 결과는 연구서적으로 이미 발간되었다(예: Odaka, 1966; 토미나가, 1979; 나오이 · 세이야마, 1990; 이마다, 2000). 이처럼 일본사회학회가 실시한 1950년대에 실시한 두 조사연구는 그 이후 계층연구에 큰 전기를 마련하게 되었다.

2차대전 이후 일본사회가 겪어온 경제적 호황의 결과로 '1억 총중류(總中流)'라고 하는 사회적 이미지가 형성되어 가고 있었다(사토오, 2000). 특히 1970년도에 총리부에서 실시한 조사에서 자신이 '중'이라고 응답한 사람이 9할을 초과하는 결과가 나오면서 '중간층'의 정체성에 관한 논란이 촉발되었다. 이러한 논의의 선상에서 무라카미(村上, 1984)의 '신중간대중론(新中間大衆論)'은 주목을 요한다. 무라카미는 일본사회의 중간부분을 점하고 있는 방대한 사람들을 종래의 '신중류계급'[8]의 개념으로는 파악할 수 없다고 보았다. '신중간대중'의 범주 속에는 화이트칼라뿐만 아니라 블루칼라, 농민, 자영업주가 다수 포함되어 있다고 하였다. 그 구성에서 보면 모든 '대중' 그 자체라고 볼 수 있다. 그는 화이트칼라층이 확대된 것은 사실이지만 이는 사무직, 이중 특히 여자사무직이 증가하였기 때문이고, 관리직의 비중은 오히려

8. 구미에서의 middle class는 일본에서 '中間階級', '中流階級', '中産階級' 등으로 사용되고 있다.

저하되고 있다고 하였다. 또 다른 한편으로 블루칼라 노동은 기계의 고도화, 컴퓨터화, 기술혁신 등에 의해 지식노동화되고 있다고 보았다(pp.194-95). 따라서 "…지금까지의 중류계급은 화이트칼라가 그 주체가 되었지만 화이트칼라층의 확대와 함께 중류계급의 윤곽은 서서히 용해되어 블루칼라나 농민과 혼합되어 가는 경향을 보여주고 있다…"고 주장하였다(p.197).

그러나 1970~80년대에 '무계급사회(無階級社會)' 론에 대한 반론이 제기되면서 '중류의식의 환상' 이라는 주제는 대중매체에서 크게 부각되었다. 더욱이 1990년대에 들어와서는 전후 일본사회를 지탱해 왔던 신화가 점점 허물어지기 시작하였다. 2차대전 이후 일본사회가 겪어온 호황은 버블 경제가 가라앉으면서 대기업의 도산, 실업의 증가, 소규모 상점의 폐업, '프리타'[9] 젊은이의 등장 등으로 이어지게 되었다. 말하자면 무라카미의 '신중간대중론' 에 대해 이의를 제기하고 나서게 된 것이다. 경제학자인 다치바나(橘木, 1998)가 일본에서 1980년대부터 소득격차가 확대되는 등 불평등이 확대되고 있다는 주장을 개진한 이후 '중류붕괴' 에 대한 논쟁은 더 활발해졌다. 2000년도에 일본의 유력한 시사월간지인『中央公論』에서는 '중류붕괴' 를 특집으로 다루었다(中央公論편집부, 2001). 한편 '무계급사회' , '1억 총중류' 에 대한 비판적 입장은 사토오 등에 의해서도 표출되었다(사토오, 2000, 2001; 사토오 · 이시하라, 2000). 사토오(佐藤, 2000)는 SSM조사자료를 사용하면서 전문직이나 관리직에 오른 지식 엘리트의 계층 상속이 2차대전 이전 이상으로 강해지고 있다고 보고 지식 엘리트는 재생산된다고 주장하였다. 즉 그 동안 사회이동의 가능성과 개방성을 믿고 있었으나 이것은 더 이상 타당하지 않다고 보았다. 다치바나, 사토오 등은 일본사

9. '프리' (free)와 '아르바이터' (Arbeiter)를 합성하여 만든 일본식 조어로, 정규적인 직장에 얽매이지 않고 편한 시간에 일(아르바이트)을 하고 나머지 시간에는 자기 생활을 즐기는 사람을 지칭한다.

회에서 불평등 확대의 경향을 부각시켰다.

그러나 일본사회에서 불평등이 확대되었다고 주장하기에는 어려움이 있었으며 이와 함께 중류층의 붕괴는 근거가 없다는 반론도 제기되었다(하라 · 세이야마, 1999). 동일한 SSM조사자료를 사용하여 분석한 세이야마(盛山, 2001: 230)는 계층 폐쇄화 경향에 동의하지 않고, "… 실체로서의 중류가 소멸되는 것이 아니라 사람들의 생활의 안정성이 위협받는 것… 그 현실성은 어쨌든 그 불안감이 지금의 이야기로서의 '중류붕괴'에 진실미를 주고 있는 것이다…"고 주장하였다.

무라카미의 신중간대중론을 둘러싼 논의를 심화시키면서 이마다(今田, 2000)는 전후 일본에서 고도경제성장과 중간계급의 확대에 의해 '중간대중' 사회가 실현되었지만, 1980년대에 들어서 가치관의 다양화와 생활양식의 개성화가 진행되면서 중간대중은 분해되기 시작하였다고 보았다. 이러한 현상을 지칭하여 그는 '대중사회(大衆社會)' 대신에 '분중사회(分衆社會)'라는 용어를 사용하고 있다. 분중이란 '분할된 대중'을 의미한다(p.31). 사회적 지위와 같은 자원이나 생활기초재의 획득 또는 분배에 관한 문제에 대해서는 마찬가지로 대중사회의 논리가 지배적이지만 기호, 취미, 여가생활, 교류 등 생활양식에 대해서는 획일적인 대중행동은 없고 개인 차이를 인정하는 분중적 성격이 지배적이 되고 있다고 본 것이다(p.25). 즉 소비사회의 상황이 우세한 포스트모던 사회에서는 대중으로서의 중간계급, 즉 '중간대중'은 분중으로서의 중간계급, 즉 '중간분중'으로 나아갈 것이라 하였다.

그 이외에 동아시아 지역 주요 국가들의 중간계급에 관한 최초의 본격적인 연구는 1990년대 초반에 샤오(Hsiao, 1993, 1999)를 중심으로 한 연구팀에 의해 이루어졌다. 이를 위해 한국, 대만, 홍콩, 싱가포르 등 동아시아 신흥공업국 4개국 사회학자들이 참여하여 1991년에서 1994년까지 3년간에 걸친 국제비교연구를 수행하였다. 이 연구는 이들 국가에 있어서의 계급구성과 중간계급의 위상, 중간계급의 사회 · 문화 · 경제 · 정치적 특성, 그리고 중간계급의 등장과 정치적 민주화와의 관계 등을 규명하고자 하였다. 1960년대 이래로 진행된 급속한 경제발전의 결과로 이들 신흥공업국에서 사무직, 관리직, 전문직, 기술직 종사자 등의 신중간계급은 크게 성장하였다. 뿐만 아니라 소규모 자영업주 등의 구중간계급도 동시에 증가하였음에 주목하였다.

4개국의 연구결과를 종합한 샤오와 소(Hsiao and So, 1999)는 동아시아 중간계급은 단순화된 고정형으로 설명할 수 없음을 지적하였다. 즉 기존의 어떤 특정한 가설로 동아시아 중간계급 현상의 복합성을 파악할 수는 없다는 것이다. 동아시아의 중간계급 현상은 "동아시아의 독특한 발전과정에 의해 '제조된' 것으로 그 역사적 과정을 통해 이해될 수 있다"고 주장하였다(pp.47-48). 또한 동아시아 신흥공업국의 중간계급은 선진 자본주의 사회에서와는 달리 아직도 형성되는 과정에 있다고 보았다. 특히 2차대전 이후에 등장한 동아시아의 중간계급은 1970~80년대에 이룩한 급속한 공업화의 수혜자지만, 1980~90년대의 민주적 전환기의 도전에 직면하면서 이들 중 다수는 혼란스러운 민주주의가 권위주의보다 더 나은 것인지에 대해 아직 뚜렷한 확신을 하지 못하고 있다고 하였다. 동아시아 4개국 비교 연구에서 사용된 자료 중 한국 관련 부분은 뒤에서 다시 한번 살펴보기로 한다.

III. 중간계급의 분류

중간계급은 경험적으로 어떻게 판별하는가? 앞서 중간계급이론에서 시사하는 바와 같이, 계급의 분류방식은 계급이론적 입장에 따라 달라진다. 고전적 마르크스주의 계급론자들의 2분법적 분류는 끊임없이 도전되고 수정되어 왔다. 큰 흐름에서 이들은 대체로 의견의 일치를 보이고 있으나 세부적인 직업집단 또는 직종의 계급적 위치를 경험적으로 조작화함에 있어서는 다양성을 보이고 있다. 특히 노동자계급의 범위 획정에 있어 그러하다. 즉 생산적 육체노동에 종사하는 노동자만을 노동자계급으로 규정짓기도 하고, 육체노동자뿐만 아니라 하위의 화이트칼라 노동자를 포함시키기도 하며 때로는 모든 임금노동자 및 봉급생활자를 노동자계급으로 간주하기도 한다.

이 장에서는 현재 광범하게 활용되고 있는 라이트(Erik O. Wright)와 골드소프(John H. Goldthorpe)의 분류체계를 소개한 후 그 타당성을 한국의 상황에서 점검해 보고 그 대안을 제시하고자 한다.

1. 서구에서의 계급분류

앞장에서 살펴본 대로 라이트는 마르크스 계급이론의 대표적 학자로, 그리고 골드소프는 베버 계급이론을 대표하는 학자로 손꼽을 수 있다.

1) 라이트의 계급분류

신마르크스주의 이론가들은 전통적인 마르크스식 틀을 유지하면서 초기의 이론가들이 간과하였던 한계점을 극복하기 위하여 필요한 수정을 가한다. 예컨대, 마르크스적 계급의 위치와 사회경제적 지위 변수간의 관계를 분석함에 있어, 라이트는 초기 논문에서 마르크스와 다렌도르프의 견해를 종합하여 계급의 범주를 조작화하였다(Wright and Perrone, 1977). 즉 생산수단의 소유 여부, 타인 노동력의 구매 여부, 타인 노동력의 통제 여부, 자신 노동력의 판매 여부 등 4개의 기준을 사용하여, 자본가(capitalists), 관리자(managers), 노동자(workers), 소부르주아지(petty bourgeoisie) 등 4개의 계급을 식별해 냈다.[1]

그후 라이트는 '계급관계내에서의 모순적 위치'(contradictory locations within class relations)라는 개념을 도입하여 계급모형을 보다 체계화하였다(Wright, 1978; Wright et al., 1982). 여기서 '모순적 위치'란 어떤 계급적 지위는 복수의 계급적 성격을 갖게 된다는 것을 뜻한다. 예컨대, 자본주의적 기업에서 관리자의 계급적 위치는 기업주가 갖는 권력의 상당부분을 위임받고 생산과정에서 노동자들을 통제한다는 점에서는 자본가계급으로 간주될 수 있지만, 기업주에 의해 고용되어 있고 언제라도 해고될 수 있다는 점에서는 노동자계급에 속한다고 할 수 있다는 것이다. 그는 자본주의 사회에서의 중간계급은 이러한 모

1. 실제 경험적 적용에서는 자본가 계급 범주에 속하는 대부분의 사람들이 소규모 경영주이기 때문에 '자본가' 대신에 '고용주'(employers)라는 명칭을 사용하였다.

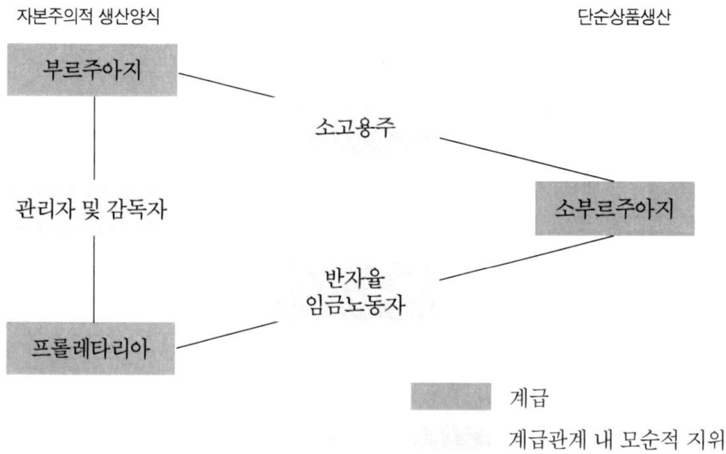

그림 3-1. 자본주의 사회의 기본 계급구조

출처: Wright (1978: 63); Wright et al. (1982: 711).

순적 위치들에 의해 정의된다고 하였다(Wright, 1978). 자본주의 사회의 기본계급구조를 도식화하면 〈그림 3-1〉과 같다.

계급분류를 위해 라이트는 종사상의 지위를 자영(self-employed)과 피용(employee)으로 나눈다. 자영자의 경우, 종업원 수를 기준으로 하여 10인 이상을 고용하는 고용주는 '부르주아지'(자본가계급)로, 1~9명을 고용하는 고용주는 '소고용주'로, 그리고 고용인이 없는 자영업주는 '소부르주아지'로 분류한다(Wright et al., 1982).[2] 피용자의 경우, 계급적 지위 식별을 위해 공식위계적 지위(formal hierarchical position), 권위(authority), 의사결정(decision-making), 직무자율성(job autonomy) 등 4개의 기준을 사용한다. 경험적 분석에서 변수의

2. 그러나 부르주아지와 소부르주아지간의 모순적 지위에 있는 소고용주를 실제 자본가와 구분하는 기준으로 고용인을 몇 명으로 하여야 할 것인가에 대해서는 논란의 여지가 있다.

조작화를 위해 다음과 같은 절차를 밟는다. 〈표 3-1〉에서 보는 바와 같이, 관리자는 모두 공식위계적 지위에 있는 것으로 본다. 감독자는 "귀하는 종업원들의 작업속도, 작업시간, 작업도구 및 재료선정, 업무할당을 직접 결정하는 위치에 있는가?"라는 질문에 '그렇다'고 응답한 사람으로 규정짓는다. 반자율 피용자[3]와 노동자계급(프롤레타리아)은 직무의 자율성에 따라 차별화된다. 즉, "출 · 퇴근 시간은 누가 결정하는

표 3-1. 라이트 계급분류의 조작화 (초기 모형) (○: 예, ×: 아니오)

<table>
<tr><th rowspan="2">계급</th><th rowspan="2">자영 여부</th><th rowspan="2">피용자 수</th><th colspan="4">피용자</th></tr>
<tr><th>공식적 위계</th><th>권위 (Q3)</th><th>의사결정 (Q4)</th><th>자율성 (Q1 & Q2)</th></tr>
<tr><td>부르주아지</td><td rowspan="3">자영</td><td>10명 이상</td><td rowspan="3">비해당</td><td rowspan="3">비해당</td><td rowspan="3">비해당</td><td rowspan="5">비해당</td></tr>
<tr><td>소고용주</td><td>2~9명</td></tr>
<tr><td>소부르주아지</td><td>0~1명[4]</td></tr>
<tr><td>관리자</td><td rowspan="4">피용</td><td rowspan="4">비해당</td><td rowspan="2">○</td><td rowspan="2">○</td><td>×</td></tr>
<tr><td>감독자</td><td>○</td></tr>
<tr><td>반자율 피용자</td><td rowspan="2">×</td><td rowspan="2">×</td><td rowspan="2">×</td><td>본인 또는 모두</td></tr>
<tr><td>노동자계급</td><td>다른 사람</td></tr>
</table>

주: 피용자의 계급적 위치를 파악하기 위해 다음과 같은 질문을 사용하고 있다. Q1. "귀하의 직장에서 출 · 퇴근 시간은 누가 결정합니까?" (본인/다른 사람/둘 모두); Q2. "귀하가 해야 할 새로운 업무(임무)는 누가 부여합니까?" (본인/다른 사람/둘 모두); Q3. "귀하는 직장에서 다른 종업원을 감독 또는 명령하는 위치에 있습니까?" (그렇다/아니다); Q4. "귀하는 종업원들의 작업속도, 작업시간, 작업도구 및 재료선정, 업무할당을 직접 결정하는 위치에 있습니까?" (그렇다/아니다).

출처: Wright(1982: 717); Hong et al.(1995)에서 재정리.

---

3. 라이트는 "반자율 피용자"(semiautonomous employees)와 "반자율 임금취득자"(semiautonomous wage earners)를 혼용하고 있다.
4. 소부르주아지는 타인을 고용하지 않는 자영업주를 지칭하기 때문에 0~1명에서 1명은 자기 자신을 가리키는 경우다(Wright et al., 1982: 716).

생산수단재 소유 여부

소유자	비소유자 (임금노동자)				
부르주아지	전문 관리자	반전문 관리자	비전문 관리자	+	
소고용주	전문 감독자	반전문 감독자	반전문 감독자	> 0	조직재
소부르주아지	전문 비관리자	반전문 노동자	프롤레타리아	–	
	+	> 0	–		
	기술 · 자격재				

그림 3-2. 라이트의 계급모형(수정모형)

출처: Wright (1985: 88).

가?" 그리고 "새로운 업무는 누가 부여하는가?"라는 질문에 대해 '다른 사람'이라고 대답한 사람은 노동자계급으로, '본인' 또는 '본인 및 다른 사람 모두'라고 응답한 사람은 반자율 피용자로 분류한다.

1980년대 중반에 들어서서 라이트(Wright, 1985)는 계급분류 기준으로 생산수단재, 기술 · 자격재, 조직재 소유 여부를 도입하고 이에 따라 〈그림 3-2〉에서 보는 바와 같이 새로운 계급모형을 제시하였다. 이 그림에서 보면, 생산수단을 소유한 집단에서 부르주아지는 노동자를 고용할 수 있을 정도의 충분한 자본을 소유하고 스스로는 노동하지 않는 계급을 지칭하며, 소고용주는 다른 노동자를 고용할 수 있을 정도의 충분한 자본을 소유하나 스스로 노동해야 하며, 소부르주아지는 자신을 위해 일할 수 있을 정도의 자본은 소유하고 있지만 다른 노동자들을 고용할 수 있는 정도는 아닌 사람들을 가리킨다.

한편 생산수단재를 소유하지 않은 집단은 기술 · 자격재에 따라 전문가, 반전문가, 비전문가로, 그리고 조직재에 따라 관리자, 감독자, 노동자로 구분되어 모두 9개의 하위 계급범주를 만들어 내게 된다. 이 모형은 계급의 구분을 자본재(assests in the means of production)의 소유 여부에만 국한시켜 분석하는 것보다 기술 · 자격재(skill/credential assets)와 조직재(organization assets)를 추가로 고려하였다는 점에서는 진일보한 것으로 평가할 수 있겠으나, 구분된 범주간 경계가 불분명한데다 특히 이를 경험적으로 적용하고자 하였을 때에는 조작화가 용이하지 않은 문제점을 가지고 있다.[5]

2) 골드소프의 계급분류

골드소프는 직업의 명칭, 종사상의 지위, 직장의 규모(종업원의 수)에 근거하여 계급을 분류하였다(Goldthorpe and Hope, 1974; Goldthorpe, 1980; Marshall et al., 1988; Erikson and Goldthorpe, 1992). 이러한 분류는 영국의 인구센서스및조사국(Office of Population Censuses and Surveys; OPCS)의 계급 분류 전통에 근거한 것으로, 기본틀은 공식적 통계분석에 자주 사용되어 왔다.[6] 이들에게 있어 계급이란 직업의 시장 상황과 작업 상황이 유사한 사람들의 집단을 가리킨다. 직업은 소득의 원천과 수준, 경제적 안정도, 경제적 상승이동 기회, 생산과정에서의 권위와 조직내의 위상, 자율성 등이 모두 고려되고 있는 복합적인 범주이기도 하기 때문이다(Goldthorpe and Hope, 1974; Goldthorpe, 1980).

골드소프의 분류는 〈표 3-2〉와 같이 11개 범주 또는 7개 범주로 이루어져 있다. 개별 연구에서 다소 차이가 있기는 하나 기본적인 틀에서는 큰 차이가 없다. 이들은 우선 자영자와 피용자로 구분짓고, 자영자는 다시 피용자가 없는 경우와 있는 경우로 나누며, 피용자가 있는 경

5. 조은 외(1991)와 조돈문(1994)은 이러한 분류를 사용하여 우리 사회의 계급구조를 분석한 바 있다.
6. 1921년 이후 영국의 중앙호적등기소(Registrar General)는 가구주의 직업에 바탕을 두어 다섯 개의 기본계급을 설정하였다. 제1계급은 고도의 훈련을 필요로 하는 전문직 종사자이고, 제2계급은 관리직, 행정직 종사자, 일반전문직 종사자, 농업 경작자와 같은 중간직업 종사자, 제3계급은 숙련직업 종사자, 제4계급은 반숙련 육체노동자, 제5계급은 비숙련노동자이다(Bradley, 1982: 25). 1971년부터는 제3계급의 숙련직업 종사자를 비육체노동자와 육체노동자로 나누고 이를 중간계급과 노동자계급의 구분으로 삼았다(홍두승 외, 1999 참조).

표 3-2. 골드소프의 계급분류

11개 범주	7개 범주
상위 서비스계급	상위 서비스계급 (I)
하위 서비스계급	하위 서비스계급 (II)
일반 정신노동자 (상층) 일반 정신노동자 (하층)	일반 정신노동자 (III)
소경영주 (피용자 없음) 자영노동자 (피용자 없음) 농민	소부르주아지 (IV)
가사(하급) 및 육체노동 감독자	육체노동 감독자 (V)
숙련노동자	숙련 육체노동자 (VI)
반숙련 · 비숙련 노동자 비숙련 · 농업 노동자	비숙련 육체노동자 (VII)

우에는 종업원수 25인을 기준으로 직장규모가 큰 경우와 작은 경우로 나눈다. 한편 피용자는 관리자, 십장 및 감독자, 견습생, 가족종사자 등으로 나누고, 관리자는 종업원수 25인을 기준으로 두 집단으로 다시 구분하며, 십장 및 감독자는 육체노동과 비육체노동으로 구분짓는다. 이와 같은 기준에 따라 7계급 분류는 ① 상위 서비스계급, ② 하위 서비스계급, ③ 일반 정신 노동자, ④ 소부르주아지(소규모 자영 노동자 및 농민), ⑤ 육체노동 감독자, ⑥ 숙련 육체노동자, ⑦ 비숙련 육체노동자(반숙련 및 비숙련)로 이루어진다(Goldthorpe, 1980). 여기서 ①②③을 화이트칼라계급, ⑥⑦을 노동자계급으로, 또 다른 기준에서는 ③④⑤를 중간계급(intermediate class)으로 구분짓기도 한다.

2. 한국의 계급분류

1970년대 말 이래로 한국에서의 계급구조 연구는 주로 계급집단을 분류하는 데에 초점이 맞추어졌다. 계급구성에 관한 탐색은 김영모

(1979, 1982), 구해근(Koo, 1982), 홍두승(1983a, 1983b), 서관모(1984, 1987) 등에 의해 이루어졌으나, 개별 연구자들에게 있어서 계급의 의미는 반드시 일치되는 것은 아니었다.

1) 계급분류 연구: 개관

김영모(1982, 1999)는 계급집단을 자본가계급, 노동자계급, 신·구중산층으로 나누는데, 인구센서스의 직업분류와 종사상의 지위(고용주, 자영자, 피용자)를 교차시켜 식별하였다. 생산직 종사자를 제외한 모든 직업군에서 고용주는 '자본가계급'으로, 생산직 고용주와 생산직 이외의 직업에서 자영자는 '구중산층'으로, 피용의 지위를 갖는 전문·전문기술직, 행정·관리직, 사무직 근로자는 '신중산층'으로, 판매·서비스직 및 농축산 종사자 중 피용자, 생산직 종사자 중 자영자와 피용자는 '노동자계급'으로 분류하였다. 고용주와 자영자는 가족 이외에 1인 이상을 고용하고 있느냐 여부에 따라 판별된다.

그러나 우리나라에서 대부분의 고용주는 영세 고용주로 자영자와 질적으로 크게 다르지 않다. 통계청의 전국사업체기초통계조사 결과에 따르면 2002년도에 전국의 313만여 사업체 중 종사자의 규모가 1~4명인 경우가 84%에 이르고 있으며, 그 범위를 1~9명으로 확대하면 93%의 사업체가 여기에 해당된다.[7] 영세 고용주는 계급이론에서 부각시키고 있는 자본가계급의 전형적 속성을 가지고 있다고 보기 힘들다. 따라서 계급이론에 대한 경험적 접근의 한계를 감안하더라도 생산·기능직 및 단순노무자를 제외한 모든 직업군에서 1인 이상의 피용자를 두고 있는 사람을 모두 자본가계급으로 분류하는 것은 적절하지 못하다. 이러한 분류에 근거하여 김영모(1979)는 1960~70년대에 우리나라에서 계급의 양극화 현상이 발생하였다고 주장하였다. 그러나 1980년

---

7. 통계청, 〈전국사업체기초통계조사〉, http://kosis.nso.go.kr/cgi-bin/sws_999.cgi.

대 이후에는 구중산층이 감소하고 대신에 신중산층이 증가함으로써 중산층의 규모에는 큰 변화가 없음을 보여주고 있다. 이러한 추세는 농업종사자의 지속적 감소에 기인한다. 농업종사자의 대다수가 자영농민들로 이들이 구중산층으로 분류됨으로써 자영농민의 감소가 구중산층의 감소로 나타나고 있는 것이다. 따라서 농업종사자의 감소가 계급 양극화의 경험적 근거로 제시되는 것은 설득력이 없다.

구해근(Koo, 1982)은 계급(상, 중, 하)과 부문(기업, 국가, 비공식, 농업)을 조합하여 기업부문에서 자본가계급, 화이트칼라 노동자, 공장노동자로, 국가관료 부문에서 정치엘리트와 관료로, 그리고 비공식부문에서 소규모 자영노동자 및 주변적 노동자, 농업부문에서 부농, 소작농, 농업노동자 등으로 구분지었다. 구해근은 농업종사자에 대한 김영모의 분류가 갖는 문제점을 부문의 개념을 도입함으로써 해결하고 있다.

일반적으로 계급론자들은 중산층이라는 용어의 사용을 기피하는 경향이 있다. 계급의 분류에 있어서도 중간계급, 특히 신중간계급의 계급적 독자성을 인정하지 않으려 한다. 즉 신중간계급을 별도의 계급범주로 보지 않고 광의의 노동자계급에 포함시키거나(김진균, 1986), 자본가계급과 노동자계급 등 기본계급을 축으로 하여 그 사이에 존재하는 다양한 중간적 집단으로서 중간계급을 지칭하고 있다(서관모, 1987). 김진균(1986)은 계급범주로 자본가계급, 노동자계급, 그리고 소부르주아지를 사용하고, 노동자계급 속에 공식부문 및 비공식부문 노동자와 화이트칼라 노동자(판매직 종사자를 제외한 피용 전문 · 기술직 및 사무직 종사자)를 포함시키고 있다. "중산층은 상층 쁘띠부르주아지와 상층 화이트칼라 노동자로 이루어져 있다고 볼 수 있으며, 주변적 대중(혹은 도시빈민)은 하층 쁘띠부르주아지(혹은 영세자영업자층)와 비공식부문 노동자로 이루어져 있다"는 것이다(김진균, 1986: 62). 그는 신중간계급을 별도의 계급범주로 보지 않고 노동자계급에 포함시키면서도, 화이트칼라 노동자층은 그 내부구성에 있어서 점차 분화가 일어나 특히 전문기술직 종사자들은 점차 단순사무직 종사자와의 구분이 뚜렷해진다는 점을 인정한다. 화이트칼라 노동자층을 노동자계급으로 간주하면서도 작업장소와 의식상의 차이 때문에 화이트칼라 노동자층은 생산직 노동자와 구분되어야 한다고 지적한다.

직업과 종사상의 지위를 통해 계급의 범주를 경험적으로 나누어 보고자 하는 작업은 서관모(1987)에 의해 더욱 세밀히 이루어졌다. 현대 한국사회의 계급구조 모형을 설정하기 위하여 라이트(Wright, 1978), 오오하시(大橋, 1971)[8] 등의 모형을 원용하였다.[9] 또한 그는 '사회적 생산양식의 영역'을 자본제부문과 비자본제부문으로 구분짓고, 자본제부문에는 기본계급으로서 자본가계급과 노동자계급이 존재하며 이들 사이에 여러 중간집단들이 다양하게 위치하고 있다고 보았다. 특히 이러한 중간집단들은 계급적 독자성을 가지지 않아 중간 '계급'이 아닌 중간 '제 계층'으로 범주화된다는 것이다(서관모, 1987: 21). 자본제부문에 있어서는 이들이 '신중간제계층'을 형성하며, 농민층은 특수한 사회적 범주라고 보아 이러한 도식에서 제외시키고 있다.

1990년대에 들어서서 라이트(Wright, 1985)의 수정된 계급분류모형을 사용하여 우리 사회의 계급구조를 설명하고자 하는 노력이 있었다(예: 조은 외, 1991; 조돈문, 1994). 조은 외(1991)는 종사상의 지위에서

---

8. 오오하시(大橋, 1971: 77-186)는 정통 마르크스적 계급분류의 틀을 유지하면서 크게는 자본가계급, 자영업자층, 노동자계급 등으로 나누고 개인기업주, 회사 중역이나 관리직 사원, 관리직 공무원은 자본가계급으로 나머지 피용자는 모두 노동자계급의 범주에 넣고 있다. 따라서 노동자계급에는 전문직, 전문기술직, 사무직 종사자 등 '샐러리맨층,' 농림어업종사자, 광공업, 운수통신종사자 등 '생산적 노동자층,' 판매종사자, 서비스직 종사자 등 '불생산적 노동자층'이 모두 포함된다. 그는 노동과정상의 위치, 임금, 노동조건 등을 기준으로 하여 노동자계급을 다시 노동자상층, 노동자중층, 노동자하층으로 구분하고, 상층에는 관리직 노동자층을, 하층에는 중소·영세기업에 고용되어 있는 불안정, 저임금 노동자를 포함시키고 있다.
9. 1980년대 이후 우리나라의 계급구조를 분석한 논문들 중 상당수가 라이트의 계급모형을 따르고 있다(서관모, 1984, 1987; 조은 외, 1991; 조돈문, 1994, 1996).

자영자와 피용자를 구분짓고, 자영자의 경우 10인 이상의 피용자를 고용하고 있는 사람을 '자본가', 1~9인을 고용한 사람은 '소자본가', 그리고 타인을 고용하지 않은 사람을 '쁘띠부르주아'로 분류하였다. 피용자는 질문에 대한 응답에 기초하여 조직재는 조직내 의사결정과 실질적인 권위를 고려하여 경영자, 감독자 그리고 비경영·감독자로 분류하였다. 기술재는 직업, 학력, 업무의 자율성을 고려하여 전문가, 반전문가 및 비전문가로 구분하였다. 이들의 분류방식에 따르면 '전문가'는 고등학교(45세 이상) 또는 대학(45세 미만)을 졸업한 전문직 또는 관리직 종사자를 지칭하고, 이들 중 학력 수준이 미달하는 경우에는 '반전문가'로 분류하며, 사무직이나 서비스직 종사자 중 고졸 이하의 학력과 자율성이 없는 직무에 종사할 경우 '비전문가'로 분류하고 있다.

이러한 분석결과 우리나라의 계급분포는 '자본가계급'(자본가 및 소자본가) 8.0%, '쁘띠부르주아' 38.0%, '중간계급'(전문경영자, 전문감독자, 전문노동자, 반전문경영자, 반전문감독자, 비전문경영자 및 비전문감독자) 12.8%, '노동자계급'(숙련노동자 및 프롤레타리아) 41.2%로 나타나고 있다. 소부르주아지와 관련하여 조은 외(1991)는 소부르주아지의 비율이 서구나 일본 등 '중심부 자본주의 사회'에서는 10%에 미달하고 있지만, 우리나라는 무려 38%에 이르러 '반주변부 자본주의 사회'의 특성을 여실히 반영하고 있다고 주장하였다. 그러나 지난 40여년간 우리나라의 산업발전 과정에서 소부르주아지는 결코 감소하지 않았으며, 오히려 증가추세를 보이고 있다. 이 점은 다음 장에서 좀더 상세히 살펴보기로 한다.

한편 조돈문(1994)은 라이트의 12개 계급범주를 6개로 축소하여 사용하였다. 우선 자본가와 소자본가는 묶어 '자본계급'으로 하고, 조직재에 따른 '경영인'과 '감독인'은 자격 및 기술재의 소유 여부에 따라 세분화하지 않고 각각 포괄적 범주로 사용하며, 조직재를 보유하지 않은 층의 경우 전문가와 반전문노동자는 '전문노동자층'으로 묶고 있다.

표 3-3. 한국사회 계급구성의 변화, 1960~1990 (단위: %)

계급 \ 연도	1960	1970	1980	1990
자본계급	4.8	4.7	6.2	6.2
쁘띠부르주아	73.4	56.2	50.4	34.3
경영인층	0.5	1.2	1.6	2.7
감독인층	1.7	3.6	5.3	7.6
전문노동자층	5.5	10.7	14.5	21.7
프롤레타리아	14.1	23.6	22.0	27.5
계	100.0	100.0	100.0	100.0

출처: 조돈문(1994: 28).

분석결과, 1960년에서 1990년에 이르는 30년 동안 소부르주아지(쁘띠부르주아)는 73%에서 34%로 급격히 감소하는 것으로 나타나고 있다(표 3-3). 이러한 현상을 두고 조돈문(1994: 28)은 "이는 쁘띠부르주아의 무산자화 이론을 뒷받침하는 증거이며, 이러한 무산자화 과정은 지난 30년간 꾸준히 진행되어 왔으며, 이들의 급격한 감소는 전체 소유계급의 위축을 가져옴으로써 비소유계급 전체의 상대적 비중을 증대시키는 결과를 낳게 되었다"고 언급하면서 소부르주아지의 무산자화 및 계급구조의 양극화는 타당하다고 주장하였다.

산업별 계급구성에서 조돈문은 계급구성효과와 산업구조효과를 분리하고 지난 30년간 모든 산업분야에서 소부르주아지의 비중이 줄어들었다고 밝히고 있다. 농업을 포함한 1차 산업에서는 말할 것도 없거니와 비농업부문에서도 산업내 계급구성에 있어서는 소부르주아지가 감소하고 있지만 산업구조의 팽창으로 인하여 이들이 증가하고 있다고 설명하고 있다. 예컨대, 비농업부문에서 소부르주아지가 가장 많이 존재하고 있는 도소매 및 음식숙박업 부문에서 소부르주아지의 비율은 이 기간 중 75%에서 50% 수준으로 감소하였음을 보고하고 있다. 또한 이 부문에서 프롤레타리아는 같은 기간 동안 11%에서 24%로 증가하였음을 밝히고 있다. 이와 같은 추세를 소부르주아의 무산자화 명제의 근거로 제시하고 있다.

그러나 앞서 김영모의 분석에 대해서도 지적하였던 바와 같이 1960~90년간 소부르주아의 급격한 감소의 가장 큰 부분은 자영 농어민의 감소에 기인한 것으로, 소부르주아의 무산자화로 설명할 수는 없다. 이 기간 중 우리나라의 자영 농어민들이 계급구조에서 중간적 위치를 점하고 있었던 것이 아니며, 이들은 때로 도시 노동자계급보다 열악한 경제적 상황에 처해 있었다고 볼 수 있다. 따라서 자영 농어민의 감소가 계급구조의 양극화의 논거로 사용될 수는 없는 것이다.

조돈문(1996)은 이후 중간계급의 계급적 성격 분석에서 '소자본가'는 '소고용주'로, '전문가'는 '비관리전문가'로, '반전문노동자'는 '숙련노동자'로 용어를 수정하고 있다. 비소유계급 중에서 숙련노동자와 프롤레타리아는 노동자계급으로 분류하고, 나머지 7개의 범주는 크게 기술재를 가지고 있는 전문인, 조직재를 가지고 있는 경영감독인, 그리고 기술재 및 조직재를 모두 가지고 있는 전문경영인으로 구분하고 이들을 모두 '중간계급'으로 묶고 있다. 따라서 조돈문도 조은 외(1991)와 마찬가지로 중간계급을 자본재를 소유하지 않은 층 가운데에서 '모순적 위치'에만 국한시키고 있다. 그러나 조돈문은 때로는 반전문노동자(또는 숙련노동자)를 전문노동자층의 범주에 포함시켜 중간계급으로 간주하기도 하고(조돈문, 1994), 때로는 프롤레타리아와 함께 노동자계급으로 분류하기도 하여(조돈문, 1996) 혼선을 보이고 있다. 물론 경험적 분석에서 사용되는 범주들이 이론적 범주와 반드시 일치하는 것은 아니지만 현실적 적용에 있어 라이트의 수정모형이 갖는 모호함을 보여주고 있다고 할 것이다. 라이트 자신도 계급범주의 이론적 분류와 경험적 분류 사이의 괴리에 고심하여 '소고용주'와 같은 범주를 도입하고 있음을 본다. 조은 외(1991)에서 피고용인의 수에 따라 '자본가'(10인 이상 고용)와 '소자본가'(9인 이하 고용)로 구분하고 이를 묶어 '자본가계급'으로 분류하고 있지만, 앞서 지적한 대로 자본가계급의 대부분은 소고용주이며, 실제 조사결과에서 자본가는 찾아보기 힘들다. 또한 조직재 및 기술재에 따른 세 범주 구분에는 자의적 판단이 따를 수밖에 없어 분류의 엄밀성에 한계가 있음이 드러나고 있다.

2) 계급분류의 조작화

1980년대 초반에 홍두승(1983a)은 사회적으로 가치가 주어지는 자원을 통제할 수 있는 수준을 부문(조직, 자영업, 농업)에 따라 8개의 개별계급집단으로 구분지었다(표 3-4). 여기서 사회적 자원이라 함은 권력, 부, 위신, 교육 등과 같은 자원을 포함하는 포괄적 개념이다. 이 분류에 따라 조직부문의 중상계급과 신중간계급, 그리고 자영업부문의 구중간계급은 중간계급으로 분류하였다. 중상계급은 광의의 신중간계급의 한 하위범주지만 일상적인 신중간계급과는 구분되는 별개의 계급집단으로 규정하였다. 중상계급의 범주 속에는 의사, 엔지니어, 전문 · 전문기술직 종사자, 관리 · 행정직 종사자 등 정보화 사회에서 중시되는 지식과 정보를 소유한 집단이 포함된다. 이들의 교육수준은 높고, 또한 경제적 보상도 크다.

한편 구중간계급은 대다수의 소규모 자영업주들을 가리킨다. 판매 · 서비스직에 종사하는 자영자와 자영기능인이 다수를 이루고 있는데, 이들 가운데에는 블루칼라 직종에서 출발하여 스스로의 사업을 꾸

표 3-4. 직업과 종사상의 지위를 사용한 계급분류

사회적 자원의 통제수준	부문의 분화		
	조직부문	자영업부문	농업부문
상	중상계급	상류계급	
중	신중간계급	구중간계급	독립자영농계급
하	근로계급	도시하류계급	농촌하류계급

출처: 홍두승(1983a).

려가게 된 사람들도 적지 않다. 이들의 소득은 화이트칼라 노동자와 유사하거나 때로는 더 높지만, 교육수준은 더 낮아 근로계급[10]과 비슷한 수준을 보여준다. 이들은 화이트칼라 노동자와 블루칼라 노동자의 가운데 정도 위치하고 있다. 이 모형에서 농업부문의 중간층인 독립자영농은 중간계급에 포함시키지 않고 별도의 계급범주로 분류하고 있다.

1980년대 초반에 제시되었던 계급모형이 현재에도 타당한가에 대한 검토가 필요하다. 20여 년의 기간이 흘렀고, 그 동안 산업 및 직업 구조도 크게 변화하였다. 특히 농업부문을 별개의 계급범주로 간주하였던 당시의 분류에 수정이 가해져야 하리라 본다(홍두승 · 김병조 · 조동기, 1999). 재분류가 이루어져야 할 근거로 다음과 같은 몇 가지 이유를 열거할 수 있다. 첫째, 농촌인구의 급격한 감소를 들 수 있다. 둘째로, 도시와 농촌의 구분이 점차 모호해지고 있다는 점을 지적할 수 있다. 행정적으로는 광역도시화하면서 실제 농촌이 도시의 권역 속에 포함되어 가고 있다. 또한 국토개발의 과정에서 전국의 지가가 크게 상승하면서, 농촌지역에서도 부를 누릴 수 있는 여지가 크게 늘어난 것이다. 셋째로, 도시와 농촌간의 격차가 축소되고 있다는 점이다. 농촌의 노령화는 이미 1980년대 이래로 진행되어 왔고 이제 농촌에서 젊은층의 영농인구를 찾기가 쉽지 않다. 또한 농촌지역에 농공단지 등을 조성함으로써 농업부문과 비농업부문의 구분 역시 모호해지고 있다는 점을 들 수 있다. 따라서 이제 농촌의 자영농을 비농부문의 자영자와 동일한 범주로 분류하더라도 우리 사회의 계급구성을 설명하는 데에 큰 무리가 없으리라 본다.

---

10. '근로계급'은 '노동자계급'이나 '블루칼라 노동자'와 크게 중복되는 개념이다.

3. 계급분류의 비교

이제 라이트의 초기모형[11] 및 골드소프 모형이 우리 사회에서 어느 정도 적합성을 갖는가를 탐색해 보기 위해 이들 계급분석틀을 비교해 보고자 한다. 각각은 서로 상이한 이론적·경험적 토대 위에 구성되어 있으며, 각 모형은 특정 상황에 적용될 때에 상대적으로 다른 것에 비해 더 큰 설명력을 가질 수 있다. 아울러 서구의 구체적 경험을 바탕으로 구성된 틀을 동아시아의 상황에 적용시켰을 때의 타당성을 살펴볼 필요가 있다. 여기서 사용하는 자료는 1992년도에 한국, 대만, 홍콩, 싱가포르 등 동아시아 4개국 중산층 연구를 위해 수집한 자료 중 우리나라에 해당되는 부분이다(보다 상세한 것은 부록 참조). 조사 자료는 서울 지역에 국한되어 있다. 홍콩 및 싱가포르가 도시지역이기 때문에 비교를 위해 서울과 타이페이만을 대상으로 삼았다. 따라서 계급의 분포는 전국 분포와 비교해 볼 때 다소 상향되어 있음에 유의해야 한다.

우선 각 틀별로 분포를 살펴보면 〈표 3-5〉에서 보는 바와 같다. 라이

표 3-5. 모형별 계급구성 (단위: %, N = 732)

라이트		골드소프		홍두승	
자본가계급	2.3	고위 서비스계급	10.3	중상계급	11.4
소고용주	6.3	하위 서비스계급	20.5	신중간계급	36.1
소부르주아지	26.5	일반 정신노동자	18.8	구중간계급	29.0
관리자	10.2	소부르주아지	31.0	근로계급	16.7
감독자	6.4	육체감독자	2.9	도시하류계급	6.8
반자율 노동자	11.3	숙련노동자	4.7		
노동자계급	36.9	비숙련노동자	11.9		

11. 수정모형에서 기술·자격재에 따른 범주 구분이 용이하지 않아 초기모형을 사용하고자 한다.

트 모형에서 노동자계급은 7개의 범주 중 가장 큰 부분을 차지하고 있으며, 그 다음이 소부르주아지이다. 골드소프의 분류에서는 소부르주아지가 가장 큰 집단이고 우리의 분류에서는 신중간계급이 구중간계급보다 다소 높게 나타난다. 여기서 구중간계급이란 골드소프의 소부르주아지와 거의 동일한 집단이라 볼 수 있다.

그러면 각각의 모형에서 중간계급의 규모는 어느 정도인가? 라이트 모형에서는 소고용주, 소부르주아지, 관리자 및 감독자를 합하면 중간계급은 49.4%(반자율 노동자를 포함하면 60.7%)에 이른다. 골드소프 모형에서는 하위 서비스계급, 일반 정신노동자, 소부르주아지, 육체감독자 등이 포함됨으로써 중간계급이 더 커져 73.2%가 되며, 우리의 모형은 중상계급, 신중간계급, 구중간계급을 포함하여 76.5%가 된다. 모형에서 골드소프나 홍두승의 분류가 라이트에 비해 중간계급의 규모를 크게 추정하고 있다.

〈표 3-6〉과 〈표 3-7〉은 대학교육 수학 여부, '중간계급' 귀속의식 등을 각 모형별로 비교해 본 것이다. 대학교육 수학비율을 주요 계급집단별로 비교해 보면, 소부르주아지의 경우 라이트(소부르주아지)는 25.3%, 골드소프(소부르주아지) 23.5%, 홍두승(구중간계급) 25.7%로 거의 차이가 없다. 그러나 노동자계급의 경우에는 개념규정과 범주화의 상이성 때문에 큰 차이를 보이고 있다. 라이트(노동자계급) 25.6%, 골드소프(육체감독자 · 숙련노동자 · 비숙련노동자) 0%, 홍두승(근로계급) 2.5%로 라이트의 '노동자계급'은 다른 두 모형에 비해 높은 비율을 보여준다. 라이트의 노동자계급은 광범하게 정의되고 있어 이들이 다른 모형에서는 다른 계급범주에 귀속되고 있다.

다음으로 자신이 속한다고 생각하는 계층을 '상류계층', '중상계층', '중간계층', '중하계층', '하류계층' 등 다섯 개의 범주 중에서 하나를 고르게 하고, '중간계층' 이상을 선택한 사람들의 비율을 모형별로 비교해 보면 〈표 3-7〉과 같다. 소부르주아지는 라이트(소부르주아

표 3-6. 모형별 계급별 대학교육자 비율[1] (단위: %, N = 732; 평균 = 34.6%)

라이트		골드소프		홍두승	
자본가계급	76.5	고위 서비스계급	86.7	중상계급	72.8
소고용주	34.8	하위 서비스계급	62.0	신중간계급	52.5
소부르주아지	25.3	일반 정신노동자	29.2	구중간계급	25.7
관리자	61.3	소부르주아지	23.5	근로계급	2.5
감독자	63.8	육체감독자	0.0	도시하류계급	0.0
반자율 노동자	36.1	숙련노동자	0.0		
노동자계급	25.6	비숙련노동자	0.0		

주: 1) 2년제 대학 이상 중퇴자 포함.

표 3-7. 모형별 계급별 계층귀속의식 ('중간계층' 이상 선택 비율)

(단위: %, N = 732; 평균 = 62.0%)

라이트		골드소프		홍두승	
자본가계급	100.0	고위 서비스계급	92.0	중상계급	90.1
소고용주	78.3	하위 서비스계급	76.7	신중간계급	69.7
소부르주아지	59.3	일반 정신노동자	59.8	구중간계급	62.2
관리자	82.6	소부르주아지	62.4	근로계급	42.8
감독자	80.8	육체감독자	23.8	도시하류계급	20.8
반자율 노동자	63.9	숙련노동자	47.1		
노동자계급	48.5	비숙련노동자	25.3		

지) 59.3%, 라이트(반자율 노동자) 63.9%, 골드소프(소부르주아지) 62.4%, 홍두승(구중간계급) 62.2% 등으로 라이트(소부르주아지)가 약간 낮긴 하나 대체로 비슷한 비율을 보이고 있다. 라이트의 '반자율 노동자'는 홍두승의 분류에서는 '구중간계급'에 속하게 된다. 노동자계급의 경우에는 라이트(노동자계급) 48.5%, 골드소프(숙련노동자) 47.1%, 골드소프(비숙련노동자) 25.3%, 홍두승(근로계급) 42.8%, 홍두승(도시하류계급) 20.8%이다. 라이트(노동자계급), 골드소프(숙련노동자), 홍두승(근로계급)은 대부분 중첩되고 있지만, 골드소프의 '비숙

련노동자'의 일부는 홍두승의 '근로계급'에 속하게 되고 대다수는 '도시하류계급'에 해당됨을 볼 수 있다.

세 가지의 모형을 비교해 보건대, 라이트의 모형은 3개의 기본 계급(즉 자본가, 소부르주아지, 노동자), 3개의 중간('모순적') 계층(소고용주, 관리자-감독자, 반자율적 노동자)을 혼재시켜 놓은 것이다. 골드소프와 홍두승은 직업과 종사상의 지위에 기초하고 있다는 점에서는 공통적이다. 그러나 골드소프의 모형은 영국사회의 역사적 경험과 사회환경에 기초하고 있어 직업 및 계급 명칭이 우리에게는 때로 매우 생소하게 느껴지기도 한다. 정신노동자와 육체노동자와의 구분도 반드시 일치하지는 않는다. 예컨대, 골드소프 모형에서 서비스직 종사자는 상급(요리사, 스튜어드, 헤어디자이너)이든 하급(장의사, 경비원, 웨이터 등)이든 일반 정신노동자(계급 III)로 간주된다. 그러나 우리나라의 상황에서는 서비스직 종사자는 정신노동자보다 육체노동자로 간주되는 경우가 더 흔하다. 소수의 '귀족적' 서비스직 종사자를 제외한 대부분은 일반 육체노동자와 비슷한 삶을 살고 있다. 우리의 모형에서는 서비스직 종사자는 숙련 및 반숙련 노동자와 함께 근로계급(노동자계급)으로 분류하는 것이 적절하리라 본다. 그러나 농민을 소경영주나 자영 노동자와 함께 소부르주아지(계급 IV)로 묶고 있는 골드소프의 분류는 이제 우리나라에서도 그 타당성을 찾을 수 있으리라 본다.

IV. 중간계급의 내부구성

우리 사회에서 중간계급은 제3장에서 논의한 대로 조직부문에서의 중상계급과 신중간계급, 자영업부문에서의 구중간계급을 포괄한다. 중상계급은 계급적 성격상 신중간계급의 한 부분으로 간주될 수 있다. 그러나 중상계급은 삶의 기회나 생활양식 등에서 신중간계급의 다른 성원들과 차별성을 보이기 때문에 전형적인 신중간계급과는 구별하여 별개의 계급집단으로 다루어 왔다. 사회적 교류나 연결망의 측면에서 본다면 상류계급에 보다 근접해 있다고도 볼 수 있다(홍두승, 1999: 359).

2000년도에 개정된 한국표준직업분류에서 보면 '의회의원, 고위임직원 및 관리자' 및 '전문가'는 중상계급으로, '기술공 및 준전문가'와 '사무종사자'는 신중간계급으로 분류할 수 있겠지만, 관리자 중 중간 이하의 관리자나 일부 전문가는 신중간계급의 다른 성원들과 차별성을 보이지 않는다. 또한 조직내에서 중상계급과 신중간계급은 단절적 집단으로 보기보다는 위계상 연속적 위치에 있다고 보는 것이 타당할 것이다. 따라서 이 장에서는 중상계급을 별도로 다루지 않고 신중간계급의 하위범주로 간주하여 토의한다.

표 4-1. 한국사회 계급구성의 변화, 1960~2000 (단위: %)

계급		1960		1970		1980		1990		2000	
중간계급	중상계급	20.5	0.9	30.3	1.3	40.3	1.8	45.6	1.9	53.0	4.3
	신중간계급		6.6		14.2		17.7		25.5		23.9
	구중간계급		13.0		14.8		20.8		18.2		24.8
근로계급		8.9		16.9		22.6		30.6		29.7	
도시하류계급		6.6		8.0		5.9		6.2		7.6	
독립자영농계급		40.0		28.0		23.2		12.7		8.9	
농촌하류계급		24.0		16.7		8.1		4.8		0.8	
계		100.0		100.0		100.0		100.0		100.0	

출처: Hong(2003: 45).

1. 계급의 구성과 변화: 개관

중간계급의 내부구성을 토의하기에 앞서 지난 40여 년간 우리 사회에서 계급구조가 어떻게 변화해 왔는지를 살펴보기로 한다. 계급의 분포는 계급을 어떻게 분류하고 그 대상을 누구로 하느냐에 따라 달라질 수 있다.

〈표 4-1〉은 남성 경제활동인구를 대상으로 추정한 계급구성의 변화를 보여주고 있다.[1] 1960년 이후 한국사회 계급구성 변화에서 나타난 특징을 다음과 같이 요약할 수 있다. 첫째, 도시화와 공업화의 결과로 독립자영농계급과 농촌하류계급이 구성상 가장 큰 변화를 보였다. 독립자영농은 1960년 40.0%에서 2000년 8.9%로 격감하였으며, 농촌하류계급 또한 1960년 24.0%에서 2000년에는 0.8%로 크게 감소하였다.

둘째, 신중간계급의 성장을 들 수 있다. 신중간계급은 1960년 6.6%

1. 앞의 장에서 농촌부문을 도시부문과 통합하여 계급분류를 재구성해야 할 필요가 있다는 점을 지적하였지만, 〈표 4-1〉에서는 1960~2000년간의 변화를 추적해 보기 위해 농업부문의 계급집단을 독립된 범주로 제시한다.

에서 2000년에는 23.9%로 증가하였다. 그러나 신중간계급은 1990년의 25.5%를 정점으로 그 이후에는 감소세를 나타내고 있다. 반면에 중상계급은 1960년 이후 서서히 증가하다가 1990년대 이후에는 급격히 성장하였다. 이는 전통적인 제조업 중심의 산업구조에서 지식정보화 사회로의 변화가 빠르게 진행되었기 때문이다. 중상계급을 신중간계급의 하위범주에 포함시키면 1960~2000년 기간 중 광의의 신중간계급은 7.5%에서 28.2%로 증가한 셈이다.

셋째, 구중간계급도 증가의 폭은 신중간계급보다 적으나 역시 전반적인 증가 추세를 보여주고 있다. 구중간계급은 1960년 13.0%에서 2000년에는 24.8%로 증가하였다. 그러나 1980~90년 기간에는 소폭의 감소추세를 보이다가 그 이후 다시 증가한 것으로 나타난다. 1960~80년까지의 증가가 농업인구의 비농 자영업으로의 편입을 통해 발생하였다면, 1990년 이후의 증가는 신중간계급 및 근로계급(노동자계급)으로부터 자영업으로 전환한 경우가 늘었기 때문으로 추정되고 있다.

넷째, 근로계급 역시 신중간계급과 마찬가지로 산업화 과정에서 급속도로 성장한 계급이다. 근로계급은 이 기간 중 8.9%에서 29.7%로 증가하였으며 그 결과 1990년에 이르면 규모에 있어 가장 큰 계급범주가 된다. 그러나 1990년대에 들어서 근로계급도 다소 감소하였으며 이는 제조업 등 2차 산업에서의 고용이 한계에 도달했음을 시사하고 있다.

다섯째, 이 기간 중 농촌하류계급은 크게 감소하였지만 도시하류계급은 큰 변화를 보이지 않았다. 우리나라에서 하류계급이 꾸준히 감소해 왔지만 이제는 그 구성비가 거의 하한에 도달한 것으로 판단된다. 아무리 고도의 경제발전이 이루어진다 하더라도 최저생활기준에 못 미치는 가구는 항상 존재할 수밖에 없기 때문이다.

이와 같은 점들을 종합해 보건대 1960년대 이래로 한국사회의 계급구성은 하층이 다수를 차지하는 피라미드형 구조에서 중간층이 두터운 다이아몬드형 구조로 변모되어 왔다고 할 수 있다(홍두승 외, 1999:

141-44 참조).

2. 신중간계급

1) 기술발전과 현대조직의 성장

1960년대 이래로 전문 · 기술 · 행정 · 관리직 및 사무직 종사자 등 정신노동자들이 급격히 증가하였다(표 4-2). 1960~2000년간 40년 동안의 변화를 보면 전문 · 기술직 종사자는 6.8배, 사무직 종사자는 4.6배, 행정 · 관리직 종사자는 1.7배 증가하였다. 이 기간 중 우리나라 전체 인구가 1.8배 증가한 것에 비추어 보면 전문 · 기술직의 증가는 괄목할 만한 수준이다. 특히 1990~2000년간 2배 이상 증가하였다. 이와 같은 증가를 가져오게 된 주된 이유로 무엇보다도 과학 및 첨단기술의 발달 등 산업구조상의 변화를 지적할 수 있겠지만, 이 기간 중에 있었던 직업분류체계상의 변화에도 주목할 필요가 있을 것이다. 즉 1992년도 이전의 분류체계에서 행정 · 관리직 또는 사무직 종사자로 분류되었던 전문직역에 종사하는 공무원들이 2000년 이후의 새로운 체계에서는 행정 전문가 또는 준전문가로 분류되고 있다. 예컨대, 중위 직책의 공무원은 행정 전문가로, 세관, 조세, 사회보장, 허가, 병무 담당 공무원은 정부 준전문가로 분류되고 있다(통계청, 2000).

표 4-2. 전문직 · 관리직 · 사무직 종사자의 변화 추이, 1960~2000 (단위: %)

직 종	1960	1970	1980	1990	2000
전문 · 기술직 종사자	2.4	3.2	4.5	7.4	16.4[1)]
행정 · 관리직 종사자	1.3	1.0	1.1	2.1	2.2[2)]
사무직 종사자	2.6	5.9	9.5	13.0	11.9

주: 1) 전문가, 기술공 및 준전문가 포함.
2) 입법자, 고위임직원 및 관리자.
출처: 통계청, 『한국의 사회지표』, 각 연도.

통계청에서 매년 종사원 1인 이상 모든 사업체를 대상으로 실시하는 '사업체기초통계조사' 결과를 보면, 종업원 5인 이상을 고용한 사업체의 수는 1953년에 3,636개소, 조직원은 23만 9천여 명이었으나 40년이 지난 1993년에 이르러서는 153,545개소의 573만 3천여 명에 이르러 사업체 수로는 42배, 조직원은 24배 증가하였다(김필동 · 김병조, 1995: 281). 그러다가 2001년에는 470,769개소의 968만 6천여 명으로 늘어났다(통계청, 2002). 사업체 조사에서는 개인이 경영하는 농림 · 어업사업체나 국방 및 가사 서비스업 등은 배제되어 있다. 특히 1990년대 이전에는 국가 또는 지방자치단체기관과 이들 기관의 직영 사업체가 제외되어 있었기 때문에 실제 사업체 수는 이보다 더 많을 것으로 추정된다. 한편 정부조직에 있어서도 군인을 제외한 전체 공무원의 수는 1955년도에 23만 6천 명이었던 것이 1990년대 중반에는 90만 명을 초과해 이 기간 중 약 4배에 가까운 증가를 보였다. 1997년 93만 4천여 명을 정점으로, 이후 다소 축소되어 2002년 현재 89만 명선을 유지하고 있다(행정자치부, 2003).

공업화 · 도시화로 인한 농림수산업 종사인구의 급격한 감소는 바로 자영업주 및 가족종사자의 감소를 수반하였다. 농업 등 1차산업은 그 성격상 주로 가족단위의 자영의 형태로 이루어지고 있기 때문이다(홍두승, 1983b: 68-69). 1960년에는 전체 취업자 중 고용주, 자영업주 및 가족종사자가 77.8%였으나, 40년 후인 2000년에는 36.8%에 그치고 있다(표 4-3). 반면에 전체 근로자 중 임금 · 봉급근로자의 비율은 1960년에는 22.2%에 불과하였으나 이후 지속적으로 증가하여 1990년대에 들어서는 60%를 상회하게 되었다. 임금 · 봉급근로자가 증가하고 있다는 것은 자신의 사업을 스스로 꾸려가는 고용주 또는 자영업주의 비율이 감소하면서 그 대신 조직생활자의 비율이 크게 증가하고 있음을 의미한다.

직업구조가 변화하면 그러한 직종에 종사하기 위한 노동력의 질 또

표 4-3. 종사상 지위별 취업자 추이, 1960~2000 (단위: %)

종사상의 지위	1960	1970	1980	1990	2000
자영업주	47.2[1)]	34.2	34.0	28.0	27.7
가족종사자	30.6	26.9	18.8	11.4	9.1
임금 · 봉급 근로자	22.2	38.9	47.2	60.5	63.2
계	100.0	100.0	100.0	100.0	100.0

주: 1) 고용주는 자영업주 범주에 포함되어 있음.
출처: 통계청, 『인구주택총조사 보고서』, 각 연도.

표 4-4. 국민의 학력 구성비, 1955~2000 (25세 이상 성인)[1)] (단위: %)

교육수준	1955	1966	1970	1980	1990	2000
초졸 이하	91.8	79.6	73.4	55.3	33.4	23.0
중졸[2)]	5.3	11.1	11.5	18.1	19.0	13.3
고졸	1.7	5.6	10.2	18.9	33.5	39.4
대졸 이상	1.3	3.7	4.9	7.7	14.1	24.3
계	100.0	100.0	100.0	100.0	100.0	100.0

주: 1) 각 학력 재학자 및 중퇴자는 이전 학력에 포함시킴.
2) 중졸의 범주속에 구제 중학교 졸업자도 포함되어 있음.
출처: 통계청, 『한국의 사회지표』, 각 연도.

한 변화하게 된다. 예컨대, 고도의 기술력이 요구되는 직종이 증가하면 이러한 일을 수행하기 위한 노동인력의 교육수준도 이에 맞춰 높아질 수밖에 없다. 직업활동을 하기 위해서는 그 활동을 하기 위한 최소한의 지식과 자격요건을 갖추어야 한다. 따라서 거의 대부분의 직종에서는 그에 상응하는 학력 제한을 두고 있다.

우리나라 성인인구의 학력별 분포를 보면 1955년에는 9할 이상이 초졸 이하의 학력을 가진 반면, 중졸 이상의 학력자는 5%에 그치는 수준이었다. 그러나 2000년에는 초등학교 졸업 이하는 23%로 감소한 반면에 대졸 이상 24%를 포함하는 고졸 이상의 학력자가 성인인구의 3분의 2를 차지하고 있다. 〈표 4-4〉에서 보는 바와 같이 1950년대 중반까지만 하더라도 전체 성인인구 가운데 대학교육을 받은 사람은 불과 1% 남짓한 수준이었다. 그러나 1980년대 이후에 들어서는 4년제 대학 졸업 이후 대학원에 진학하는 비율도 크게 늘었으며 과거보다 더 많은 교육과 훈련기간을 요구하게 되었다. 예컨대, 현재는 치과의사가 되려면 일반의사와 마찬가지로 예과 2년을 포함하여 6년의 교육기간을 거치도록 되어 있지만, 1959년 대통령령으로 치의예과를 설치하도록 규정하기 이전만 하더라도 4년의 교육으로 치과의사를 배출하였던 것이다. 이러한 변화는 다른 분야에서도 나타나고 있다. 초등학교 교사의 경우 1960년대 초까지만 하더라도 현재의 고등학교 수준인 사범학교를 졸업하면 교사자격이 주어졌으나 그 이후 2년제 교육대학으로 발전되었다가 1980년대 초반에는 현재와 같은 4년제 정규대학으로 개편되었다. 수의사의 경우도 1998년도부터 교육기간이 4년에서 6년으로 늘어났으며, 약사는 2009년도부터 교육기간이 6년으로 연장될 전망이다.[2]

과학기술이 발달되고 축적된 지식의 양이 많을수록 이를 습득하고 여기에 숙달되기 위한 더 많은 교육과 훈련기간을 필요로 한다. 그러나 전반적인 학력의 향상이 반드시 이와 같은 선행조건이 충족된 결과로서 발생하는 것만은 아니다. 특히 우리 사회에 있어서 과잉교육열과 학력주의 사회의 분위기는 상급교육기관으로의 맹목적 진학을 부추기는 면도 있음을 무시할 수 없으리라 생각된다. 말하자면 학력인플레현상이 가져다 주는 사회적 파급효과에 대해서도 주목하여야 한다. 예컨대, 고등학교 정도의 학력만 갖추어도 충분히 해낼 수 있는 직종에 대학교육을 받은 사람이 취업하는 경우도 그리 어렵지 않게 찾아볼 수 있다. 현재 4년제 정규대학을 졸업하고 2~3년제 전문대학에 재입학하는 경우도 드물지 않게 나타나고 있다. 현재 전문대학들은 4년제 대학 졸업자들을 정원외 특별전형을 통해 선발하고 있기도 하다.

---

2. 각 일간지, 2004년 7월 29일자.

최근, 구청의 환경미화원을 채용하는 시험에 대학졸업자 이상의 학력을 가진 사람이 다수 지원하여 언론에 화제가 되기도 하였다. 2003년 서울시 6개 구청에서 일용직 근로자인 환경미화원을 모집한 결과 4년제 대학 졸업 이상자가 11%, 전문대 졸업자가 7%였다.[3] 이밖에도 일용 건설노동자, 창고관리직 등의 직종에도 대학 졸업자 다수가 지원하고 있음을 본다.[4] 또한 2004년 4월 고속철도 개통을 앞두고 모집한 고속철 여승무원 시험에서 350명 모집에 4,600여 명이 응시하여 경쟁률이 13대1에 달했다. 응시자격은 고졸 이상이지만 대졸 이상이 50%를 초과한 것으로 나타났으며, 석 · 박사 학위자도 43명이나 되었다.[5]

일반적으로 정신노동자와 화이트칼라 노동자는 용어상 교환적으로 사용되고 있다. 기존의 직업분류방식에 따르면, 전문직 및 전문기술직 종사자, 행정 및 관리직 종사자, 그리고 사무직 종사자가 화이트칼라의 범주에 속하고 있다. 물론 화이트칼라 노동자도 내적으로 매우 다양하여 화이트칼라와 블루칼라의 차이보다 때로는 화이트칼라 내부의 이질성이 더 크다는 점도 염두에 둘 필요가 있다. 이들을 하나의 범주로 묶어 연도별 학력분포를 살펴보면, 1960년도에는 대학교육의 일부 또는 전부 받은 사람의 비율이 23.2%에 불과하였으나, 30년이 지난 1990년에 이르면 그 비율이 52.7%로 증가하고, 4년제 정규대학 이상의 교육을 받은 사람의 비율도 42.5%에 달하고 있다. 또한 2000년도 자료를 보면, 고위 임직원 및 관리자의 62.3%, 전문가의 92.4%, 기술공 및 준전문가의 60.5%, 사무종사자의 48.7%가 4년제 대학 졸업 이상의 학력을 가진 것으로 나타났다(표 4-5).

그러나 일부 화이트칼라 직종에서 온라인전산화를 포함한 사무자동화는 때로 직무의 단순화 및 표준화에 따른 노동시간의 전반적인 감소

3. 조선일보, 2003년 12월 13일자.
4. 경향신문, 2003년 12월 15일자.
5. 조선일보, 2004년 1월 17일자.

표 4-5. 화이트칼라 직업별 학력, 2002 (단위: %)

직종 \ 교육수준	중졸 이하	고졸	대졸 이상	계
의회의원, 고위임직원 및 관리자	5.3	32.5	62.3	100.0
전문가	0.4	7.2	92.4	100.0
기술공 및 준전문가	3.2	36.3	60.5	100.0
사무종사자	3.7	47.6	48.7	100.0

출처: 통계청, 『경제활동인구연보』, 2002.

에도 불구하고 노동의 질을 하락시키고 있다는 견해도 제기된다. 특히 은행이나 보험기업 등의 창구업무에서는 탈숙련화의 경향을 보이고 있다(김진영, 1994).

2) 신중간계급과 계층이동

우리 사회의 불평등을 논의하면서 교육기회와 결과의 불평등 분배의 문제는 빼놓을 수 없는 쟁점이라고 생각한다. 직업과 관련되어 교육이란 적재적소에 인력을 배치하기 위한 하나의 수단일 뿐이다. 그러나 우리 사회에서는 교육(보다 정확하게는 교육을 통해 얻게 되는 '학벌')은 이미 수단의 의미를 벗어나 그 자체가 목표가 되고 있다. 물론 이와 같은 현상은 한국 사회에 국한된 것만은 아니지만 그 정도에 있어서는 우리나라가 그 어느 사회보다도 강하다는 점에 대해서는 이론의 여지가 없다. 이른바 학벌이라는 것은 양면성을 지니고 있다. 이것이 갖는 부정적 측면이 사회적으로 부각되면서도 대다수의 사람들은 여기에 얽매이고 마는 것이다. 치열한 입시경쟁은 대학교육을 통한 성취 욕구뿐만 아니라 학벌 자체가 가져다 주는 사회적 위상을 반영하는 것이라 하겠다.

우리나라에서 교육열이 특히 높은 이유 중의 하나는 사회이동에 대한 열망 때문으로 볼 수 있다. 사회적 지위를 이미 확보하고 있는 계층에 있어서는 이를 세대간 유지하고자 하며, 그렇지 못한 층에서는 상위의 계층으로 진입하고자 하기 때문이다. 이것이 가능한 길은 결국 교육을 통한 상승이동이 가장 확실하다고 볼 수 있다. 물론 대학교육을 받기 위해서는 가족의 경제적 뒷받침이 필요하다. 그러나 우리의 경우 대학교육을 받을 수 있는 조건으로 경제적 요인보다는 비경제적 요인이 더 크게 작용하고 있는 것이 현실이다. 계층의 높고 낮음에 관계없이 대다수의 부모들은 모든 것을 희생하고서라도 자녀의 교육만은 '최상'으로 시키고 싶어하는 욕망을 가지고 있고 또한 이를 현실화시키려 한다는 것이다. 이렇게 함으로써 자녀들이 노동시장에서 보다 유리한 위치를 차지하고 사회적 지위를 확보할 뿐만 아니라 교류의 폭도 높일 수 있을 것이라고 믿고 있기 때문이다.

일반적으로 교육수준은 계급과 직업의 서열과는 별개로 다루어져 왔다. 그러나 교육의 변수는 매우 중요하게 등장하고 있다. 앞서 설명한 라이트(Wright, 1985)의 새로운 계급분류에서도 '자격 및 기술재'에서 교육적 성취를 고려하고 있다. 직업분류에서도 교육은 주요 변수로 고려되고 있다. 특히 기술적 전문성을 구분함에 있어 교육은 중요하다. 새로운 직업분류에서 '전문가'는 대학 및 대학원 교육과정의 교육 및 훈련이 요구되는 직능으로 규정되어 있고, '기술공 및 준전문가'는 기술전문교육과정(전문대학 수준)의 교육 · 훈련을, 그리고 '단순 노무 종사자' (초등교육과정)를 제외한 나머지 직종은 중등교육과정 정도의 직능수준을 기준으로 설정하고 있다.

3) 여성 경제활동의 증가와 다양화

1950년대 이래로 여성의 경제활동참가율은 남성에 비해 크게 증가하였다. 대부분의 직종에서 여성의 점유율이 크게 늘어났음을 볼 수 있다. 특히 사무직 종사자의 증가가 두드러지고 있다. 사무직 중 여성의 비율은 1955년에는 6.6%에 불과하였지만 1990년에는 종사자의 반을

표 4-6. 직종별 여성비, 1955~2002 (단위: 여성비[1])

직 종		1955	1970	1980	1990	2000[2]		2002	
전문·기술직 종사자	전문가	18.0	29.6	38.6	60.5	74.4	50.8	73.7	56.9
	기술공 및 준전문가					38.2		46.4	
행정·관리직 종사자		2.6	3.6	1.5	3.7	5.2		5.9	
사무직 종사자		6.6	20.4	49.8	51.6	101.9		109.6	

주: 1) 여성비는 남성 100명당 여성의 수로 산출됨.
2) 2000년 이후는 신직업분류에 따름. 따라서 '행정·관리직 종사자'는 '의회의원, 고위임직원 및 관리자'임.
출처: 통계청, 『인구주택총조사보고서』 및 『경제활동인구연보』, 각 연도.

넘어섰고 2000년대에 들어서는 남성수를 초과하고 있다(표 4-6).

이 기간 중에 발생한 변화 중의 하나는 전통적으로 남녀간 분리되어 왔던 직종에 점차 남녀간의 혼재 현상이 나타나고 있다는 점이다. 과거 남성들에 의해 독점되어 왔던 직종에 여성의 진출이 현저하게 증가하였고, 반대로 여성들이 담당해 왔던 영역에도 남성들이 진출하고 있음을 지적할 수 있다. 일부 분야에서는 성의 역전 현상마저 나타나고 있다. 의사, 치과의사, 한의사 등 고급 의료인력에서 여성의 비율은 급격히 증가하였다. 1950년에는 전체 의사의 7.4%, 치과의사의 6.2%, 한의사의 0.1%가 여성이었으나 2002년에는 의사 18.4%, 치과의사 21.6%, 한의사의 11.9%로 증가하였으며 향후 이 분야에서 여성의 비율은 더욱 높아질 것으로 예측되고 있다. 약사의 경우 1950년경에는 전체 등록된 약사 가운데 여성이 차지한 비율이 18%였으나 1980년대에 들어서 여성의 비율이 남성을 상회하기 시작하였고 최근에 와서는 여성이 전체 약사의 60%를 넘어서게 되었다(표 4-7). 뿐만 아니라 임상병리사, 방사선사, 치과기공사 등과 같은 의료 준전문가에 있어서도 여성 점유 비율은 크게 증가하였다. 특히 임상병리사나 위생사는 이제 여성 중심

표 4-7. 의료 전문인 여성비 추이, 1950~2002 (단위: %)

구분	1950	1960	1970	1980	1990	2000	2002
의사	7.4	12.7	12.0	13.6	14.6	17.6	18.4
치과의사	6.2	7.9	4.2	10.9	15.4	20.7	21.6
한의사	0.1	0.7	1.1	2.4	5.9	11.1	11.9
약사	18.0	43.0	47.4	50.4	57.3	61.3	61.9
임상병리사	-	-	16.9	38.4	65.1	71.1	72.0
방사선사	-	-	5.8	12.5	19.9	24.6	26.5
치과기공사	-	-	1.1	8.7	22.9	30.0	32.2
안경사	-	-	-	-	12.4	25.5	30.3
위생사	-	-	-	13.6	41.5	59.2	63.4

출처: 보건복지부, 『보건복지통계연보』, 각 연도.

의 직종이 되었다.

이 이외에도 여성화의 추세가 급속히 진행된 대표적인 영역으로 각급 학교의 교사를 들 수 있다. 1960년대 초에는 초등학교 교사의 22.0%, 중등학교 교사의 14.7%, 고등학교 교사의 8.2%가 여성이었으나 2000년도에는 초등학교 66.0%, 중학교 56.8%, 고등학교 29.7%로 증가하였고 그 이후에도 지속적인 증가추세에 있다(교육인적자원부, 『교육통계연보』, 각 연도). 특히 1990년대 중반에 이르러서는 서울과 부산 등 거대도시의 초등학교에서는 여교사가 전체의 70% 이상을 차지하게 되었다. 유치원 교사는 1965년도에 유치원 교사 중 원장, 원감을 포함한 여성의 비율은 72.4%였으나, 15년 후인 1980년에 이르면 85.2%로 증가하게 되고, 2000년에는 97.6%로 더욱 높아져 극소수를 제외하고는 모두 여성으로 구성되어 있다. 실제 이 수치는 유치원 원장 및 원감을 포함한 수치로 이들을 제외한 일반 교사 중 여성의 비율을 보면 1970대 이전에 이미 99%를 넘어섰다. 유치원 경영자의 경우 1970년만 하더라도 4분의 1 정도가 남성이었으나 2000년대 이후에는 이마저도 여성에게 넘겨져 이제는 유치원 운영은 거의가 여성이 담당하게

표 4-8. 각급 학교 여교원 비율의 변화, 1960~2003 (단위: %)

<table>
<tr><th colspan="2">구분</th><th>1960</th><th>1970</th><th colspan="2">1980</th><th colspan="2">1990</th><th colspan="2">2000</th><th colspan="2">2003</th></tr>
<tr><td colspan="2">유치원[1)]</td><td>-</td><td>74.6(99.4)</td><td colspan="2">85.2(99.0)</td><td colspan="2">93.5(99.9)</td><td colspan="2">97.6(99.7)</td><td colspan="2">98.1(99.4)</td></tr>
<tr><td colspan="2">초등학교</td><td>22.0</td><td>29.1</td><td colspan="2">36.8</td><td colspan="2">50.1</td><td colspan="2">66.0</td><td colspan="2">69.0</td></tr>
<tr><td colspan="2">중학교</td><td>14.7[2)]</td><td>18.6</td><td colspan="2">32.8</td><td colspan="2">46.5</td><td colspan="2">56.8</td><td colspan="2">60.8</td></tr>
<tr><td colspan="2">고등학교</td><td>8.2[3)]</td><td>9.0</td><td colspan="2">17.1</td><td colspan="2">22.9</td><td colspan="2">29.7</td><td colspan="2">36.5</td></tr>
<tr><td rowspan="2">고등교육기관[4)]</td><td>전문대</td><td rowspan="2">-</td><td rowspan="2">11.0</td><td rowspan="2">12.2</td><td>15.5</td><td rowspan="2">13.8</td><td>21.7</td><td rowspan="2">15.6</td><td>23.6</td><td rowspan="2">16.7</td><td>24.8</td></tr>
<tr><td>일반대</td><td>11.0</td><td>8.1</td><td>13.7</td><td>14.9</td></tr>
</table>

주: 1) 원장 등 전체를 포함한 비율이며, 괄호 안의 수치는 교사의 비율임.
2) 1961년도 자료.
3) 1963년도 자료.
4) 교육대, 방송통신대, 산업대 및 기술대 포함. 단 조교는 제외함.
출처: 교육인적자원부, 『교육통계연보』, 각 연도.

되었다. 그러나 대학교원의 경우는 여성참여율이 지속적으로 증가하고는 있지만 아직도 남성 중심으로 이루어져 있다고 볼 수 있다. 2000년도를 보면 고등교육기관에 종사하는 교수 중 여성의 비율은 2~3년제 전문대 및 각종 형태의 4년제 대학을 모두 포함하여 15.6%이나, 일반대학에만 국한시키면 13.7%에 그치고 있다.

지금까지 자료를 검토해 본 결과 전문직 종사자들 가운데 여성의 비율이 급격히 증가하고 있음을 볼 수 있었다. 이처럼 1960년대 이래로 화이트칼라 직종에 여성의 참여율이 크게 늘어났음을 볼 수 있다. 그러나 앞서 화이트칼라의 성격을 규명하면서 이 직종의 여성화가 지적된 바 있는데, 이러한 여성화는 '탈숙련화' 명제 등을 통해 이 직종이 갖는 위상의 상대적 저하를 뒷받침하는 근거로 제시되기도 하였다. 이와 같은 우리 사회의 변화에서 다음의 두 가지 점이 동시에 존재하고 있음을 볼 수 있다. 첫째로, 높은 수준의 교육 및 훈련과 기술을 요하는 전문직종에 여성의 참여율이 증가함으로써 남녀간 직업 격차가 축소되고 있다는 것과, 둘째로, 그럼에도 불구하고 의료 인력 및 교원의 예에서 보듯이 상위의 직종에는 여전히 남성의 점유율이 높다는 것을 지적할 수 있다. 또한 행정 · 관리 · 사무직 종사자에 있어서 아직도 행정 · 관리직 종사자의 대다수는 남성이며 2002년도 기준으로 남성 100명당 여성은 6명을 초과하지 못하고 있다. 반면에 사무종사자는 남성보다 여성이 더 많다. 그러나 화이트칼라의 구성에 있어서 단순 사무직 종사자의 구성비는 감소하는 반면 전문가, 준전문가 및 기술공의 비율이 증가하고 있음에 주목하여야 할 것이다.

3. 구중간계급

1) 자영업주 변화의 추이

구중간계급을 주로 구성하고 있는 여러 산업 분야의 자영업주 및 가족종사자의 비율은 1960년 이래로 지속적으로 감소하였다. 가장 큰 원인으로 자영 농업인구의 급격한 감소를 들 수 있다. 자영업주의 감소를 일부 학자들은 '소부르주아지의 무산화'나 '계급구조의 양극화'로 해석하였다(예: 김영모, 1979; 조돈문, 1994). 조돈문(1994)은 앞 장에서 소개한 바와 같이 1990년까지의 추이를 분석하면서 농업을 포함한 1차 산업에서뿐만 아니라 도소매 및 음식 · 숙박업 등 비농업부문에서도 소부르주아지의 비율은 감소하였으며, 그 대신 프롤레타리아는 크게 증가하였다고 분석하였다. 비농업부문에서 자영자의 비중이 큰 판매종사자를 살펴보면, 1960년에는 9할 이상이 고용주, 자영업주 및 가족종사자였으나, 2000년대에 이르러서는 6할 수준으로 줄어들었고 그 대신 임금근로자의 비율은 지속적으로 증가하였다(통계청, 『한국의 사회지표』, 각 연도). 이러한 통계는 가족구성원으로 사업을 이끌어 가는 영세자영업주들의 입지가 점점 축소되면서 대형화된 유통업체에 고용된 임금 · 봉급생활자가 크게 증가한 현상을 가리키는 것이라 하겠다.

그러나 일부 비농업부문에서 자영업주의 비율이 감소하고 있음에도 불구하고 구중간계급은 1960~2000년 기간에 전반적인 증가추세를 보이고 있으며(표 4-1), 그 비율은 선진국에 비해 높은 편이다. 구미 여러 나라에서도 지속적으로 감소해 왔던 자영업주가 1970년대 중반 이후 더 이상 감소하지 않고 오히려 증가하고 있음이 보고되고 있다. 미국의 경우 1970년대 초까지는 자영업주의 비율이 감소하였지만 그 이후로는 증가하고 있다. 스테인메츠와 라이트(Steinmetz and Wright, 1989)는 이와 같은 증가가 부분적으로는 자영업주의 비율이 높은 후기산업사회적 서비스 부문이 팽창하였기 때문이라고 보고, 실업률 증가의 대안으로 나타난 현상은 아니라고 해석하였다. 그러나 미국의 자영업주들은 전문가, 준전문가 등 화이트칼라 직업을 포함하여 매우 다양한 직종에 종사하고 있으나, 우리나라의 자영업주들은 대다수가 판매 · 서비스직에 종사하고 있어서 큰 차이를 보이고 있다(최문경, 2004).

2) 대자본가와 소부르주아지

우리나라에서 지금까지 대자본가와 소부르주아 사이에는 어느 정도 역할 분담이 이루어져 왔다고 볼 수 있다. 소부르주아의 점유율이 상대적으로 높은 도 · 소매업 등 유통업에서 소비자에게 직접 판매하는 행위는 주로 중소 및 영세상인들이 담당해 왔다. 그러나 소부르주아가 점유해 왔던 영역에 대자본이 들어서면서 이들간 이해관계의 상충이 나타나고 있다. 전통적으로 중소상인들에 의해 점유되어 왔던 유통업의 영역에 대자본이 진출함으로 인하여 중 · 소상인들의 입지가 크게 위축되었다. 1990년대 중반 이후 소매유통시장에서 재래시장을 포함한 영세소매상들의 비중은 계속적으로 줄어들어 국내 소매유통시장 점유율은 1995년 82%에서 2002년에는 63% 수준까지 떨어졌으며, 2005년

에는 50% 이하로 감소할 것으로 전망되고 있다.[6]

반면에 백화점, 할인점, 무점포 업태 등 기업형 소매시장은 크게 증가하고 있다. 2003년 6월 현재 전국의 대규모 점포[7]는 1,863개로 파악되고 있다. 형태별 점유율을 보면 재래시장을 포함한 시장이 78.2%로 가장 많고, 그 다음이 대형점 12.7%, 백화점 5.3%, 쇼핑센터 2.5% 등의 순으로 되어 있다.[8] 그러나 1999년 이래 지난 5년간의 추세를 보면 대형점은 173.6%, 쇼핑센터는 48.4% 증가율을 보인 반면, 시장은 0.1% 증가하는 정도에 그쳤다. 말하자면 도·소매업이 대형화되면서 영세한 소매업이 위협을 받게 된 것이다. 주변 거주지의 경제적 수준에 따라 재래시장이 유지되고는 있지만 신흥 주택가, 아파트촌에서는 이미 재래시장의 형식은 찾아보기 힘들다. 재래시장은 대부분 점포가 개별화되어 있어 상행위가 개별 점포단위로 이루어진다. 또한 최근에는 저렴한 가격으로 제품을 공급하는 직판장이 수도권 신도시를 중심으로 대거 개장됨으로써 유통업계의 대형화는 더욱 가속화되고 있다.

매출액 규모를 보면, 2003년도에 할인점이 20~23조 원으로 백화점의 19~20조 원을 앞서고 있고 그 뒤를 이어 인터넷쇼핑몰이 7조 2천억 원, 홈쇼핑이 5조 6천억 원, 편의점이 3조 8천억 원이 될 것으로 예상되고 있다. 유통업계는 롯데(롯데백화점, 롯데마트, 롯데닷컴, 세븐일레븐), 신세계(신세계백화점, E마트, 신세계몰), 현대(현대백화점, 현대홈쇼핑, H몰), LG(LG백화점, LG홈쇼핑, LG이숍, LG25), CJ(CJ홈쇼핑, CJ몰) 등 재벌그룹들이 장악하고 있음을 볼 수 있다. 백화점의 경우, 2002년도에 롯데가 40.6%의 시장점유율을 보였고, 그 뒤를 이어 현대가 21.0%, 그리고 신세계가 12.5%를 점유하여 백화점 3개사의 사장점

---

6. 중앙일보, 1997년 4월 6일자; 대신경제연구소 내부자료, 2003.
7. 매장면적 3,000m^2 이상.
8. 산업자원부 유통서비스정보과, 「2003 상반기 전국유통업체 현황조사 결과」, 내부자료, 2003. 9.

유율은 74%에 달하고 있으며 이 비율은 매년 증가하는 추세다.[9] 대형 할인점은 10년 전인 1993년에 처음 등장하여 그후 지속적으로 성장해 왔다. 1998년에는 총 점포수가 87개로 증가하였고, 2002년에는 250개를 넘어섰다.[10] 이러한 대형 할인점 사업에는 국내외의 대기업들이 진출하였다. 신세계의 이마트는 2002년도 기준 점포수 58개와 매출액 4조 6천여억 원으로 1위를 점하였으며, 그 뒤를 이어 롯데쇼핑의 롯데마트, 삼성테스코의 홈플러스, 한국까르푸의 까르푸, 월마트코리아의 월마트가 점포수 및 매출액에서 상위를 보였다.

거대자본을 배경으로 한 대형 할인점 등이 급격히 등장하면서 일반 상가의 휴·폐업 현상이 야기되었다. 일산신도시의 경우 1996년 말 E마트, 킴스클럽, 그랜드백화점, 까르푸, 마크로일산점 등 초대형 할인매장이 문을 열면서 인근 상가들이 큰 타격을 입은 바 있다.[11] 치킨점, 슈퍼마켓, 야채가게, 제과점, 의류점, 신발가게 등 거의 모든 근린 생활시설들은 그 규모의 영세성으로 인하여 대형 할인점과의 가격경쟁을 견뎌낼 수 없는 것이다. 할인점의 진출로 인하여 유통업계에 가격파괴의 현상이 두드러지게 나타나고 있으며 이 과정에서 자본 등에서 경쟁력을 갖춘 대기업과 대규모의 자본이 크게 확장되어 가면서 중소점포의 몰락을 가중시키고 있다. 예컨대, 신세계백화점이 운영하는 할인점인 E마트가 2,700평 규모로 1996년 11월에 제주에 개점하면서 기존의 중소상인들은 매출 및 마진의 감소 등 영업난을 겪기도 하였다.[12]

그럼에도 불구하고 중소상인들의 입지가 없어진 것은 아니다. 대형 백화점의 경우는 대부분 직영으로 운영하면서 일부 점포만을 개인에게 임대하고 있지만, 백화점 직영과 임대상점의 비율은 백화점마다 차

---

9. 「격변기의 유통업계」, 『주간한국』, 2003년 12월 11일자.
10. 「대형소매점의 출점과 지역경제 파급효과」, 『유통저널』 2003년 3월호.
11. 매일경제, 1997년 1월 16일자.
12. 서울경제신문, 1997년 1월 28일자.

표 4-9. 대규모 점포 유형별 운영형태, 2003 (단위: %)

구분	시장	대형점	백화점	쇼핑센터
직영	12.2	42.9	76.6	21.7
임대	24.4	57.1	22.6	73.0
분양	63.4	0.0	0.8	5.3

출처: 산업자원부 유통서비스정보과, 내부자료.

이가 있다. 대규모 점포의 유형별 운영실태를 보면, 시장은 63.4%가 개인에게 분양되어 개별 점포 형태로 운영되고 있으며, 반면에 대형점 및 쇼핑센터는 직영보다는 임대에 더 크게 의존하고 있다(표 4-9). 이는 유통업체가 대형화하면서 중소상인들은 이 과정에 새로운 형식으로 편입해 들어간다고 볼 수 있다.

재벌기업들은 이 밖에 편의점 체인이나 외식산업에도 진출하였다. 예컨대, 두산그룹은 1982년 말에 켄터키후라이드치킨(Kentucky Fried Chicken) 사업에 진출하여 1984년에 첫 매장을 개설한 이후 연평균 30% 이상의 성장을 지속하여 2002년 말 현재 전국에 200여개의 매장을 갖게 되었다.[13] 그러나 이들 역시 체인점의 형식으로 점포를 개별적으로 운용하도록 하고 필요한 제품의 공급과 경영지도에 참여하고 있다. 또한 24시간 편의점은 위탁가맹점 형태로 운영되고 있다. 즉 본사에서 점포를 구입하고 점주는 가맹보증금을 낸 뒤 점장의 자격으로 점포를 운영하는 제도다.[14] 이익은 대체로 점주에게 40%, 본사에 60% 정도의 비율로 배분된다고 한다. 이는 대기업과 중소상인의 관계가 새로이 설정되는 것으로 대자본과 소부르주아지가 공존하고 있는 셈이다.

13. KFC 홈페이지, www.kfckorea.co.kr 참조.
14. 한국일보, 1996년 12월 30일자 8면 참조.

3) 자영업주의 구성

비농업부문에서 자영업주는 그 내적 구성이 매우 다양하다. 특히 판매·서비스업을 포함한 유통 및 금융업에서 다양한 형식의 영업방식들이 도입, 운영되고 있음에 유의하여야 한다. 소규모 점포를 운영하는 상인에 있어서도 점포를 소유한 소유-경영주, 이를 소유주로부터 임대하여 영업행위를 하고 있는 임차-경영주, 지입형식으로 참여하여 이익의 일정부분을 나누는 지입-경영주 등 여러 가지 형태로 존재하고 있다. 예컨대, 백화점 의류매장의 경우 판매를 직접 책임지고 있는 점장, 즉 '숍마스터'(shopmaster)는 자영 또는 피용으로 구분하기 어려운 경우가 많다.

의류매장의 숍마스터(일명 숍마)는 대체로 세 가지 유형으로 나누어지는데 매달 일정액을 해당 의류업체로부터 지급받는 '월급제 매니저,' 매장 관리 비용은 의류업체에서 부담하고 매출액의 3~4%를 받는 '수수료 매니저,' 그리고 매장 관리에서부터 직원 월급까지 본인이 모두 책임지고 그 대신 매출액의 7~10%를 분배받는 '중간관리 매니저' 등이다.[15] 그러나 IMF 사태 이후 대부분의 의류업체들이 매장을 직영체제로부터 중간관리형태로 전환함으로써 매장 운영은 중간관리점주가 주로 책임져 왔다. 이들 중간관리점주는 전체 매출에서 12~13%를 받는 대신 판매사원의 급여, 창고운영비 및 일부 관리비용을 부담하게 되었다.[16] 최근 경기침체의 장기화로 인해 매출부진이 이어지자 숍마스터들은 다시 정액제 형태의 연봉을 의류업체에 요구하고 나섰다.

이들은 외형상으로는 피고용자이지만 판매직원의 월급을 자신이 지급하고 판매액의 일정부분을 할당받는다는 측면에서 보면 자영업주의

---

15. 부산일보, 2003년 8월 6일자.
16. 어패럴뉴스, 2003년 6월 16일자.

성격도 함께 가지고 있다고 볼 수 있다. 자신이 일정액을 투자하여 그 지분에 대한 이익도 함께 배당받는 경우는 임금 · 봉급근로자이면서도 자영업주에 더 가까우나, 단순히 고용되어 봉급 이외에 판매액의 일정 부분을 성과금으로 할당받는 경우에는 피용자에 더 가깝다. 이들 중 판매원을 스스로 고용하거나 해고하는 경우는 고용주의 성격도 갖는다.[17] 또한 유흥업 및 서비스업계에서는 업소의 소유주와 실제 영업행위자가 다른 경우가 흔하다. 이들간 맺어진 계약관계에서 소유주는 업장에 영업시설을 설치하여 제공하며 영업권자는 영업이익의 일정 부분을 소유주에게 제공하게 된다. 그 대신 종업원을 고용하여 영업하는 행위는 전적으로 영업행위자 자신의 책임하에 이루어진다. 업소의 소유주에게 고용되어 영업에 참여하고 있다 하더라도 영업권 확보를 위해 투자가 이루어졌거나 일정 지분에 기여하고 있다면 자영업주로 간주될 수 있어 이들의 계급적 위치를 판별하기가 쉽지 않다.

동일한 맥락에서 근자에 많이 논란이 되고 있는 '특수고용형태 근로자'의 경우를 들 수 있다. 이들에 대한 대책을 마련하기 위해 2003년도 7월에 노사정위원회에 특별위원회가 설치되었는데 이 위원회의 명칭을 어떻게 할 것인가에서부터 논란이 시작되었다. 즉 특수고용형태 '종사자'인가, 아니면 '노동자'인가 하는 점을 두고 근로자와 사용자 사이에 의견 차이가 있었다. 이 범주 속에는 학습지교사, 보험설계사, 신문광고원, 화장품 및 음식품 판매원과 같은 외판원, 레미콘 운전자, 대리운전자, 퀵서비스 화물운송기사 등 운송부문 지입차주, 그리고 골프장 경기보조원, 방송사 구성작가, 연예인, 모델 등 기타 직종 종사자가 포함된다. 이들은 노동법상 근로자에 해당되지는 않지만 근로자와 유사한 노동 여건을 가지고 있다고 하여 '유사근로자'로 간주되기도

17. '어패럴뉴스'는 2003년 들어 매출이 크게 감소함에 따라 수입도 줄어들어 고용하고 있던 판매사원을 줄이는 매장이 급격히 늘어나는 등 백화점 중간관리 점주의 경영난이 악화되고 있음을 보도하고 있다. 2003년 6월 16일자.

한다.

이러한 가운데 화물연대의 파업은 이들의 성격을 규정짓는 데 많은 시사점을 던져주었다. 화물연대는 2002년 6월에 민주노총 전국운송하역노동조합 산하 준조합원 조직으로 결성되었는데 공식적인 명칭은 "화물운송특수고용노동자연대"다. 그 구성원은 위수탁이나 지입제 형식으로 화물운송업에 종사하는 사람들로 이들의 신분은 정규 노동자가 아니라 비정규 · 특수고용의 형태로 되어 있다. 이들은 "허울뿐인 사장이라는 신분으로 인해 노동자의 기본적인 권리인 근로기준법이나 산재보험 등의 혜택에서 배제되고 있을 뿐 아니라 … 고용 자체가 불안정하며 고용된 차주는 노예와 같은 신분으로 전락되고 있다"고 주장한다.[18] 지입차주들은 '사장의 허울'을 벗어버리고 당당한 '노동자'임을 선언하자고 밝히고 있다. 위에서 '고용된 차주'라는 표현에서 보듯이 이들은 근로자의 성격과 자영업주의 성격을 동시에 가지고 있는 대표적 직종인 것이다. 특수고용노동자를 자유노무계약관계에 있는 자영업자와 근로계약관계에 있는 전형적인 노동자의 중간영역에 위치한 노동자로 규정하면서, 노동자임에도 불구하고 형식적으로는 '위장된 자영업자'로 보고 있는 견해도 적지 않다(예: 백두주 · 윤영삼, 2003). 그러나 특수고용직 화물운송노동자는 생산수단을 소유하고 있다고 볼 수 있기 때문에 화물운송업체에 직접 고용되어 임금을 받고 있는 노동자들과는 차별화될 수밖에 없다.

구중간계급도 신중간계급과 마찬가지로 그 내적구성은 매우 다양하다. 다른 계층에서 이동한 경우 출발점이 화이트칼라인 경우도 있고, 블루칼라인 경우도 있다. 블루칼라 노동자 출신은 교육수준 등 여러 면에서 근로계급과 유사하다. 더욱이 여성 자영자의 경우는 임금근로자

---

18. 화물연대, "화물연대소개," 홈페이지 http://www.unsunozo.org/hwamul/info/info_01.asp 참조.

보다도 연령이 높고 학력이 낮아 임금노동자로 진입하지 못한 생산성이 낮은 집단일 가능성이 높다(문유경 외, 2002). 따라서 생계형 창업을 통해 자영업으로 진출하는 것은 사회적 안전판 기능을 하고 있다. 급속한 경제발전과 산업화에도 불구하고 구중간계급이 일정 수준 존재하고 있고 경제 환경에 따라 오히려 증가한 것은 사회적 필요성에 부응한 결과라 볼 수 있다.

2004년 10월 서울 소재 중소기업에 근무하는 20~50대 직장인을 대상으로 조사한 결과에 따르면 응답자의 86%가 창업을 생각하거나 계획한 적이 있다고 대답하였고, 창업을 하려는 이유로 절반 가량이 '자유로운 생활'을 꼽았다.[19] 최근에는 지방자치단체에서도 창업설명회나 창업을 위한 교육을 실시하고 있다. 서울특별시의 '실전창업스쿨,' 경기도의 '소자본 창업아카데미'와 같은 교육프로그램을 예로 들 수 있는데, 이들 프로그램은 다양한 연령층의 실업자 및 주부를 포함하여 신규 취업 및 재취업이 어려운 층과 전직 희망자들을 대상으로 하고 있다. 또한 중소기업청 소상공인지원센터는 창업활성화를 통한 일자리 창출을 위해 자금을 지원하는 프로그램도 가지고 있다.[20] 남성 임금·봉급생활자들이 '탈(脫)샐러리맨'을 위해 신규 창업을 준비하기도 하고, 주부들이 가계에 보탬이 되고자 사업을 시작하기도 한다. 실제 2003년 8월에 소상공인지원센터가 창업구상 예비창업자 4,600여 명을 대상으로 실시한 조사에 따르면, 남성이 55.0%였고, 연령별로는 30~40대가 69.3%, 학력별로는 고졸 이하자와 전문대 이상자가 각각 반을 차지하였다. 이들 중에는 이미 자기 사업을 하고 있으면서 업종 전환을 원하는 사람도 있었지만(24.9%), 회사원(35.0%) 및 가정주부(15.1%)

---

19. (주)창업경영연구소, http://www.icanbiz.co.kr 참조.

20. '소상공인'이란 도·소매업과 서비스업의 경우 상시근로자가 5인 미만, 그리고 제조업·건설업·광업의 경우는 10인 미만인 소기업 사업자를 가리킨다. 중소기업청 소상공인지원센터, http://www.sbdc.or.kr 참조.

등 신규로 창업하려는 사람이 훨씬 더 많았으며, 대다수가 도 · 소매업, 음식업, 그리고 점포를 가진 서비스업 등을 선호하였다.[21]

산업이 대형화하면서 소부르주아지, 즉 구중간계급이 위축될 수는 있겠지만 그 역할과 기능은 결코 소멸하지 않으리라 본다. 재래의 사업은 '재래시장에서 패션네트워크로'가 상징적으로 의미하는 것처럼 새로운 기술과 경영방식을 통해 새롭게 변모할 것이다(신용남 · 김양희, 2000). 말하자면, '전통적' 구중간계급이 새로운 시대적 요구에 부응하면서 '근대적' 구중간계급으로 탈바꿈하는 것이다. '기업가정신'(entrepreneurship)은 사회발전의 동력으로 여전히 중요하게 남아 있다. 또한 그 존재양식은 더욱 다양해질 것이다. 구중간계급은 우리 사회에서 개인의 생존전략의 수단이 되거나 계층이동의 통로가 된다는 면에서 그 존재의미를 지속적으로 지니게 될 것이다.

---

21. 중소기업청, 보도자료, 2003년 9월 25일, http://www.smba.go.kr 참조.

제2부
지위집단으로서의 중산층

V. 중산층의 범위와 경험적 적용

중산층의 정체성을 파악하기 위해서는 먼저 중산층의 범위를 획정해야 한다. 이를 위해 이 장에서는 중산층 판별기준으로 활용하게 될 사회경제적 변수들을 찾아내 그 타당성을 검토한다. 이를 토대로 중산층 범주를 경험적으로 재구성하고 실제 적용 가능성을 살펴본다. 또한 중산층이 되기 위한 최소 요건이 절대적 기준에 의한 것인지 아니면 계층 변수의 상대적 분포에 따라 가변적으로 결정되는 것인지를 토의한다. 이렇게 구획된 중산층의 범주는 차후의 분석에서 유용하게 사용될 수 있을 것이다.

1. 중간계급과 중산층

우리는 여기서 중간계급과 교차하면서 이것과 상당부분 중첩되는 중산층의 개념을 설정하고자 한다. 이는 중산층을 중간계급과 별개의 개념으로 이해하는 것으로, 이러한 견해는 이미 여러 연구에서 제시된 바 있다(서울대 사회과학연구소, 1987; 한상진, 1987; 홍두승 · 김미희, 1988; 연하청 외, 1990; 문옥표 외, 1992; 함인희 외, 2001). 이를 위해

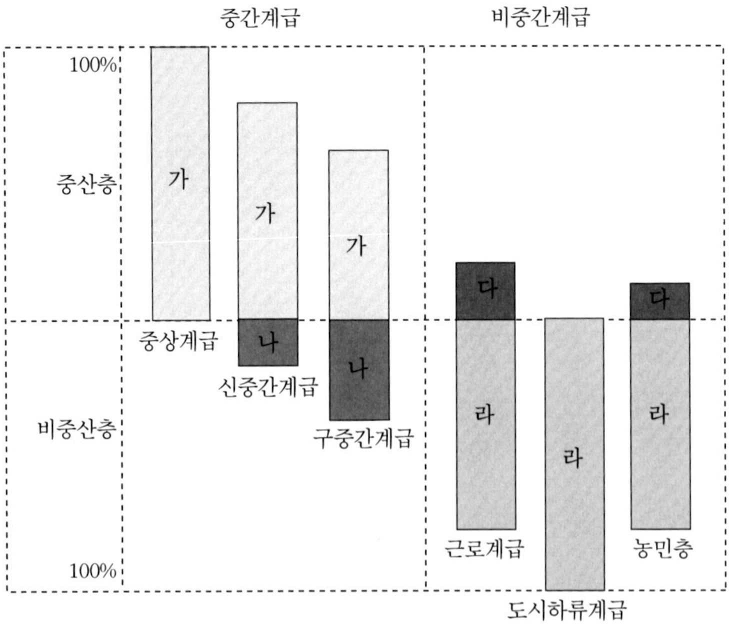

그림 5-1. 중간계급과 중산층의 관계: 가설적 도해

중간 계급범주와 중산층 범주와의 관계를 가설적 도해로 그려보면 〈그림 5-1〉과 같다(홍두승 · 김미희, 1988).

〈그림 5-1〉에서 보는 바와 같이 중간계급의 범주에 속하는 가구 중에서도 일부는 중산층 진입기준에 미달하는 삶을 누리고 있으며, 반대로 비중간계급 특히 근로계급의 가구 중에서도 일부는 그 기준에 도달할 수 있을 것이다. 일반적으로 중간계급 중 중산층이 되지 못하는 가구와 비중간계급의 성원 중 중산층에 도달한 가구의 비율이 비슷한 것으로 추정되기 때문에 그 동안 중간계급의 구성비로서 중산층의 구성비로 삼아 수치를 제시한 것이 결과적으로 큰 차이가 없었다고 볼 수 있다. 일부 학자들은 근로계급은 그 삶의 조건과 생활양식이 어떠하건 중산층의 범주에서 배제시킴으로써 중간계급의 하위 범주로서 중산층

을 이해하기도 하였다(예: 한상진, 1986). 중산층의 육성이란 앞서 지적했던 바와 같이 중산층의 범주에 속한 층을 계속 유지시키는 정책임과 동시에 중산층에 도달하지 못한 층, 특히 근로계급과 농민층을 중산층의 범주로 끌어올리려는 정책이라 볼 수 있다. 〈그림 5-1〉에서 (가) 부분은 중간계급과 중산층이 일치하는 '핵심적 중산층'이라 이해할 수 있으며, (나) 부분은 중간계급에는 속하되 생활기회에 있어 중산층에 포함되지 않는 집단, 즉 하위의 단순 사무직 종사자나 영세상인들이 되며, (다)는 중간계급은 아니지만 중산층의 삶을 누리는 집단, 즉 풍족한 육체노동자와 부유한 농민이 여기에 속하고, (라)는 여러 사회정책을 통해 중산층으로 진입시키고자 하는 층을 가리킨다. 그간 사회계급이론에서 (나) 부분은 중간계급의 프롤레타리아화, (다)에서 근로계급에 해당하는 부분은 노동자계급의 부르주아지화로 설명하곤 하였다.

우리가 중산층의 개념을 포괄적으로 이해한다면 (가)+(나)+(다)가 그 범위에 속하게 되고, 협소하게 규정짓는다면 (가), 즉 핵심적 중산층만이 해당될 것이다. 중산층 기준을 설정하는 데 있어 가장 중요하고도 비교적 쉽게 측정할 수 있는 것이 소득이긴 하지만 복합적으로 동시에 고려해야 할 변수들이 있다. 중산층 판별의 기준으로 중간 정도의 재산, 직업의 자립성, 시민적 생활양식, 경제적 · 사회적 안전추구의 속성 등을 생각해 볼 수 있겠으나(배성동, 1966), 이러한 변수들은 주관적이고 상대적인 개념으로 판단할 수밖에 없어 중산층의 범위는 가변적이다. 중산층은 중간계급의 개념을 포괄하면서도 계급의 상관변수로 다루어 왔던 '생활기회'와 '생활양식'의 개념을 통해 설명하는 것이 보다 타당하리라 본다. 생활기회의 범주 속에는 소득과 같은 경제적 자원뿐만 아니라 경제 외적인 사회적 기회에 대한 접근 가능성도 포함된다. 따라서 중산층은 일정수준 이상의 생활기회를 누리고 생활양식을 공유하는 계층집단으로 규정할 수 있다. 이러한 의미에서 중간계급이 '계급'으로서의 실체적 의미를 갖는 실재집단이라면, 중산층은 자의적 구획에 따른 명목집단이라고도 볼 수 있다.

2. 중산층의 분석단위

계층연구에서 제기되는 문제 중의 하나는 분석의 단위를 개인으로 할 것인가, 아니면 가구로 할 것인가 하는 점이다(박숙자, 1991). 분석목적에 따라 어느 쪽이 더 타당성을 갖는가를 판단할 수 있으리라 본다. 중간계급과 중산층의 두 개념은 분석단위에 의해 구분될 수 있다. 중간계급을 사용할 때에는 분석의 단위로서 개인이 보다 적절하리라 생각되며, 중산층의 경우에는 개인보다는 가구를 대상으로 하는 것이 더 적합하리라 본다. 따라서 용어에 있어서도 '중간계급 가구'보다는 '중산층 가구'가 보다 자연스러운 표현이 될 것이다.

분석단위의 문제를 2002년도에 서울시정개발연구원이 20~65세의 성인남녀를 대상으로 수집한 〈서울시민의 생활과 의식 조사〉 자료를 사용하여 살펴보고자 한다(조권중 · 한영희, 2003). 이 조사결과에 따르면 총표본수 1,500명 중 비경제활동인구인 주부가 301명(20.1%), 학생이 118명(7.9%), 무직자가 21명(1.4%), 기타 5명(0.3%) 등 445명(29.7%)이 직업을 가지고 있지 않다. 일반적인 계급분석에서는 비경제활동인구를 배제한 1,055명을 대상으로 분석할 수밖에 없다.[1] 그러나 본인이 직업을 가지고 있지 않다고 하여 '계층적 지위'를 가지고 있지 않은 것은 아니다. 비경제활동인구를 제외할 경우 표본이 편향될 수 있는 가능성이 있다. 본인이 경제활동에 종사하고 있지 않은 경우에도 계층적 지위는 가구의 주 소득원 또는 가구주의 지위에 따라 결정될 수

1. 계급 또는 계층 연구에서 표본을 취업자에 국한시키기도 한다. 예컨대, 김석준(1998) 및 신행철 외(1999)가 사용한 자료는 18세 이상 남녀 1,000명을 대상으로 하되, 남자는 상시취업자로, 여자는 상시취업자 및 시간제 취업자(주당 15시간 이상)로 국한시켰다.

있다. 물론 조사자료에서 본인뿐만 아니라 가구주 또는 주 소득원의 직업에 관한 정보는 필요하다. 이 조사에서 가구주가 주 소득원인 사람이 1,309명(87.3%)인데 이 중 22명은 비경제활동인구이거나 응답하지 않은 사람이다. 가구주가 주 소득원이 아닌 사람 191명 중 배우자의 직업이 밝혀진 사람은 40명이므로, 총 1,349명(89.9%)은 분석에 사용될 수 있으리라 본다. 따라서 분석대상은 70.3%에서 89.9%로 크게 늘어나며 응답자가 주부나 학생인 경우에도 배우자나 부모의 계층적 지위에 의해 자신의 지위를 판별할 수 있다.

여기서 자신의 계급적 지위와 가구주의 계급적 지위가 상이할 때 가구주의 계급적 지위를 선택하는 것이 타당한 것인가 하는 의문이 제기될 수 있다. 서울시정개발연구원의 자료를 보면, 응답자 및 가구주 모두가 중간계급인 사람이 630명(전체 960명 중 65.6%), 비중간계급인 사람이 142명(14.8%)으로 전체의 80.4%는 응답자와 가구주의 계급적 지위가 일치하고 있다. 반면에 응답자가 비중간계급인데 가구주가 중간계급(중상계급 · 신중간계급 · 구중간계급 포함)인 사람은 139명(전체의 14.5%), 이와 반대로 응답자는 중간계급인데 가구주는 비중간계

표 5-1. 응답자의 계급적 지위별 가구주의 계급적 지위 분포 (단위: N, %)

가구주 (주 소득원)		응답자						비경제활동인구
		중간계급				비중간계급	전체	
		중상계급	신중간계급	구중간계급	소계			
중간계급	중상계급	38	21	2	61	15	76(7.9)	45(11.9)
	신중간계급	2	156	18	176	33	209(21.8)	125(33.0)
	구중간계급	2	46	345	393	91	484(50.4)	146(38.5)
	소계	42	223	365	630	139	769(80.1)	316(83.4)
비중간계급		1	21	27	49	142	191(19.9)	63(16.6)
계		43	244	392	679	281	960(100.0)	379(100.0)

자료: 서울시정연 2002 조사.

급인 사람은 49명(5.1%)으로 불일치 사례가 19.6%이며, 응답자 대신 가구주의 계급적 지위를 사용할 경우, 계급적 지위는 상향되고 있다. 그러나 응답자가 비경제활동인구인 경우에도 가구주의 계급적 지위는 파악할 수 있기 때문에 약 30%에 이르는 비경제활동인구(379명)도 분석대상에 포함시킬 수 있다. 응답자가 비경제활동인구인 경우 가구주의 계급적 지위는 전체 분포와 비교해 볼 때 중상계급 및 신중간계급의 비율은 높고 구중간계급 및 비중간계급의 비율은 낮게 나타나고 있다.

3. 중산층 판별기준과 경험적 적용

중산층의 범주는 경험적으로 어떻게 구분하는가? 지금까지 중산층의 범위를 설정하고 그 규모를 파악하고자 하는 노력은 다양하게 이루어져 왔다(경제기획원, 1985; 현대사회연구소, 1985; 홍두승, 1992). 여기서 중요한 것은 중산층의 범위를 규정하기 위해 어떤 요소들을 고려할 것인가 하는 점이다. 앞서 논의를 바탕으로 중산층의 경계를 찾아내기 위한 기준을 정리해 보면 〈표 5-2〉와 같다. 우선 기준은 객관적 기준과 주관적 기준으로 대별할 수 있고, 객관적 기준은 다시 경제적 지표와 사회문화적 지표로 구분해 볼 수 있다. 주관적 기준은 다음 장에서 논의하게 될 중산층 귀속의식으로 파악할 수 있다. 여기에서 논의를 일단 객관적 지표에 국한시킨다면 경제적 차원에서는 생산·소유관계와 소비·경제수준을, 그리고 사회문화적 지표로는 학업성취와 '중산층 문화'의 향유 여부를 들 수 있다. 그러나 중산층 문화는 모든 객관적 지표가 원인변수가 되어 파생되는 결과변수로 이해할 수 있기 때문에 중산층 범위획정에서는 제외시킨다. 경제적 지표로 활용할 수 있는 변수로는 직업적 지위를 통해 파악할 수 있는 계급적 지위, 소득, 자산이 있고, 사회문화적 지표로는 교육수준이 있다. 자산소득은 소득에 포함되고 여기에서는 주택의 소유 여부 및 규모를 활용한다. 중산층이 되기

표 5-2. 중산층 판별기준

<table>
<tr><th>기준</th><th colspan="2">차원</th><th colspan="2">주요변수</th><th>최저기준</th></tr>
<tr><td rowspan="7">객관적</td><td rowspan="4">경제적</td><td rowspan="2">생산 · 소유관계</td><td rowspan="2">직업</td><td>명칭</td><td>화이트칼라(신중간계급)</td></tr>
<tr><td>종사상의 지위</td><td>소부르주아지(구중간계급)</td></tr>
<tr><td rowspan="2">소비 · 경제수준</td><td>소득</td><td>가구소득</td><td>중간소득[1]</td></tr>
<tr><td>자산</td><td>금융 · 부동산</td><td>중간 정도의 자산[1]
(주택, 주거지역)</td></tr>
<tr><td rowspan="3">사회 문화적</td><td rowspan="2">학업성취</td><td rowspan="2">교육</td><td>양(교육년수)</td><td>대학</td></tr>
<tr><td>질(학교의 명성)</td><td>-[1]</td></tr>
<tr><td>문화</td><td colspan="2">'중산층 문화'</td><td>-[1]</td></tr>
<tr><td>주관적</td><td colspan="2">귀속의식</td><td colspan="2">계층의 단계구분</td><td>중 또는 중하[2]</td></tr>
</table>

주: 1) 주관적 판단이 필요함.
2) 계층의 단계수와 구분 명칭에 따라 달라짐.

위한 최소한의 기준을 설정해 본다면, 계급적 지위에서는 최소한 신 · 구중간계급에 속해야 하고, 소득 및 자산은 '중간' 정도 이상이어야 하며, 교육수준은 최소한 대학(2년제 대학 포함) 교육을 받는 정도라야 한다. '중간' 정도의 소득이란 매우 자의적일 수 있지만 도시가구의 월평균소득을 기준으로 삼을 수 있으며, '중간' 정도의 자산으로 주택기준 20평 이상의 자가소유자이거나 30평 이상 전 · 월세 세입자로 기준을 정할 수 있다. 물론 주택이 거주지역에 따라 크게 달라질 수 있지만 여기서 거주지역은 일단 고려하지 않기로 한다.

응답자가 경제활동인구일 경우에는 응답자의 직업을 기초로 계층을 구분하고, 응답자가 비경제활동인구일 경우는, 우선 가구주가 경제활동인구일 때에는 가구주의 직업으로 계층을 정하나, 가구주도 비경제활동인구일 경우에는 계층구분이 불가능하다고 판단되어 계층분류에서 제외시킨다. 따라서 응답자가 주부, 학생 및 무직자인 경우라도 가구주의 직업과 가구단위의 정보가 가용한 경우에는 계층분류가 가능하리라 본다. 특히 전업주부의 경우 자신은 특정의 계급적(직업적) 지위를 갖지 않더라도 계층적 지위는 가지고 있기 때문에, 본인의 직업 유무로 분석하게 되면 계층연구가 한계에 부딪치게 된다. 그러나 계급적 지위와 소득 및 주택은 가구단위로, 그리고 교육수준은 응답자 개인 단위로 측정된 변수라는 점에 유의해야 한다.

위와 같은 기준을 바탕으로 서울시정개발연구원이 2002년도에 실시한 〈서울시민의 생활과 의식 조사〉 자료를 사용하여 중산층 규모를 추정해 보고자 한다(자료의 개요는 부록 참조). 대상 지역이 서울에 한정되어 있기 때문에 전국 단위의 중산층 분석에는 한계가 있지만 중산층 규모 추정에 필요한 자료들이 상세하게 포함되어 있어서 유용하게 사용할 수 있으리라 본다. 가구소득의 경우 중산층 최소기준을 어떻게 설정해야 할 것인가에 대해서는 논란이 있을 수 있다. 1980년대 중반 경제기획원(1985)은 최저생계비의 2.5배를 기준으로 삼았다. 이 수치는 도시근로자 가구의 평균소득과 비슷한 수준이다. 한편 현대사회연구소(1985)는 평균소득의 75%를 하한선으로 설정한 바 있다. 2002년도 도시근로자 가구의 월평균소득은 2,792,400원이고, 4인 가구 기준 월 최저생계비는 99만 원으로 추산되고 있다.[2] 최저생계비의 2.5배는 약 250만 원으로 도시가계 월평균소득의 90% 정도에 해당되며, 이는 근로자가구 소득의 중앙값인 237만 원보다 다소 높은 수준이다.[3] 본 연구에서는 월평균가구소득 250만 원을 중산층 획정의 기준으로 삼고자 한다.

각 기준을 준거로 하여 기준별 중산층 규모를 살펴보면 〈표 5-3〉에서 보는 바와 같다. 계급적 지위로는 중상계급, 신중간계급, 구중간계급을 더하면 81.0%가 이에 속하게 되고, 교육수준으로는 2년제 대학 이상자가 38.8%이며, 가구소득으로는 2002년도 도시가구 월평균소득의 90% 이상인 가구가 60.7%, 주택은 20평 이상 자가소유자와 30평 이

---

2. 한국보건사회연구원 홈페이지 http://www.kihasa.re.kr 참조
3. 통계청, 『2002 도시가계연보』, 2003년 5월.

표 5-3. 중산층 규모의 추정, 서울, 2002 (N = 1,339~1,486)

기준	단위	판별기준	규모(%)
계급적 지위	가구주 (주 소득원)	중상계급 9.0% 신중간계급 24.9% 구중간계급 47.1%	81.0
교육수준	개인 (응답자)	2년제 대학 이상 (재학 · 중퇴 포함)	38.8
소득	가구	도시가구 월평균소득 (2,792,400원)의 90% 이상	60.7
주택	가구	자가 20평 이상 전월세 30평 이상	57.8

상 전 · 월세 세입자가 57.8%이다.

이와 같은 네 변수의 최소기준을 근거로 중산층 기준 충족 가구수를 살펴보면 〈표 5-4〉와 같다. 네 기준을 모두 충족하는 가구수는 전체의 20.1%이고, 세 가지 이상을 충족하는 가구수는 48.8%에 이른다. 반면에 한 가지도 충족시키지 못하거나 단 한 가지만 해당하는 경우는 24.1%이다.

이를 다시 계급집단별로 살펴보면, 중간계급의 경우에 네 개의 기준이 모두 충족되는 비율은 중상계급이 47.5%로 가장 높고, 그 다음으로 신중간계급 25.6%, 구중간계급 19.7%의 순이다. 직업이 기준으로 포함되었기 때문에 중간계급의 하위범주들은 최소 하나의 기준은 충족시키고 있으며, 반면에 비중간계급은 하나의 기준도 충족시키지 못하는 비율이 31.4%에 이르고 있다(표 5-5).

중산층 획정을 위해 가구주의 계급적(직업적) 지위, 가구소득, 주택 소유 여부, 그리고 본인의 교육 정도 등 네 가지 기준을 사용하여, 각 변수별로 중산층 기준을 충족시키면 1점을, 그렇지 못하면 0점을 부여한다. 그러나 중산층 판별에 있어 가구주의 계급적 지위는 타 변수에 비해 비중있게 다루어야 하므로, 중상계급인 경우, 가구소득이나 본인

표 5-4. 중산층 기준 충족 가구 누적분포

충족 기준수	분포(%)	누적분포(%)
4	20.1	20.1
3	28.8	48.8
2	27.1	75.9
1	18.2	94.1
0	5.9	100.0

표 5-5. 계급별 중산층 충족 기준수 분포 (단위: %)

기준수	계급구분			
	중간계급			비중간계급
	중상계급	신중간계급	구중간계급	
4	47.5	25.6	19.7	0.0
3	35.8	32.3	34.6	5.7
2	14.2	27.1	29.4	27.3
1	2.5	14.9	16.2	35.5
0	0.0	0.0	0.0	31.4
계 (N)	100.0 (120)	100.0 (328)	100.0 (618)	100.0 (245)

자료: 서울시정연 2002 조사.

의 교육수준과는 관계없이 중산층으로 분류될 수 있을 것으로 판단되어 2점을 부여한다.

중산층 점수는 계급적 지위, 월평균소득, 주택 소유 여부 및 교육 정도를 모두 더하여 구한다. 여기서 구한 점수가 3점 이상이면 '핵심적 중산층,' 2점이면 '주변적 중산층,' 그리고 1점 이하면 '비중산층'으로 명명한다. 이러한 점수의 구획은 다소 자의적일 수 있으나, 이들 중 적어도 두 가지의 요건이 충족될 때 이를 중산층(핵심적 및 주변적 중산층)이라 간주하고, 한 가지 이하만 충족될 때 '비중산층'으로 개념화시킨다. 단지 계급적 지위에 있어 중상계급에게는 2점을 부여함으로써 최소한 주변적 중산층으로 분류될 수 있도록 조작화하고 있다.

이와 같은 절차를 통하여 세 집단으로 구분한 다음, 이를 다시 가구주 및 본인의 계급지위별로 그 분포를 살펴보면 〈표 5-6a〉, 〈표 5-6b〉와 같다. 가구주의 계급별로 계층분포를 보면 중상계급은 앞서 규정한 대로 극소수를 제외하고는 모두 중산층에 해당하지만 비중간계급은 대다수가 비중산층의 범주에 속하고 있다. 비경제활동인구를 제외하고 본인의 계급적 지위별로 계층분포를 살펴보면 중간계급의 일반적 추세는 가구주의 경우와 대동소이하다. 그러나 본인의 경우 비중간계급으로 분류되더라도 가구의 사회경제적 지위에 따라 중산층 또는 주변적 중산층에 속하는 사람도 적지 않다. 비중간계급 중 13.7%는 중산

표 5-6a. 계급별 계층분포 (가구주 계급별) (단위: %)

계층구분	계급구분			
	중간계급			비중간계급
	중상계급	신중간계급	구중간계급	
중산층	95.0	38.1	23.6	0.0
주변적 중산층	5.0	40.2	46.8	10.0
비중산층	0.0	21.8	29.6	90.0
계 (N)	100.0 (120)	100.0 (331)	100.0 (622)	100.0 (249)

자료: 서울시정연 2002 조사.

표 5-6b. 계급별 계층분포 (본인 계급별) (단위: %)

계층구분	계급구분			
	중간계급			비중간계급
	중상계급	신중간계급	구중간계급	
중산층	93.0	50.6	19.2	13.7
주변적 중산층	7.0	33.1	41.8	30.6
비중산층	0.0	16.3	39.0	55.8
계 (N)	100.0 (43)	100.0 (239)	100.0 (390)	100.0 (278)

자료: 서울시정연 2002 조사.

층에, 그리고 30.6%는 주변적 중산층에 포함됨으로써 44.3%가 중산층의 생활기회를 가지고 있다고 볼 수 있다. 이 두 표를 통해 우리는 신·구중간계급에 속한 사람 중에 중산층으로 분류되지 않은 사람이 적지 않으며, 반면에 근로계급이나 하류계급 등 중간계급이 아닌 사람 중에서도 일부는 중산층에 속하고 있음을 알 수 있다. 이와 같은 결과는 〈그림 5-1〉에서 보여주었던 중간계급과 중산층의 관계를 수치로 뒷받침하고 있는 것이다.

4. 절대 중산층과 상대 중산층

앞서 계급적 지위, 교육수준, 소득, 주택 등의 변수를 기준으로 중산층의 범위를 획정하고 그 규모를 추정해 보았다. 중산층 판별의 하한선이 보편타당한 객관적 기준에 따라 설정될 때 이를 '절대' 중산층이라 부를 수 있다. 즉 중상계급 및 신·구중간계급과 같은 계급적 지위, 대학수학 여부와 같은 교육수준, 주택 소유 여부 및 규모 등은 절대적 기준이라 볼 수 있다. 반면에 전 가구의 월평균소득의 '75% 이상' 또는 '90% 이상'과 같은 기준은 상대적 기준이다. 월평균소득이 증가하면 하한선 역시 높아질 수밖에 없고 이 경우에 인구의 일정 비율은 항상 중산층 달성기준에 못 미치는 계층으로 남게 된다. 물론 절대적 기준 역시 절대적인 것은 아니다. 즉 중상계급 또는 신·구중간계급을 구성하는 직업의 성격이 변화할 수 있다. 예컨대, 화이트칼라 노동이 탈숙련화 과정을 거치면서 단순노동으로 변모하여 초기의 화이트칼라 노동에 비해 상대적 위상이 저하될 수 있다. 또한 중산층 구획기준으로 교육수준을 사용할 경우 국민의 대다수가 고등학교 교육 이상을 받게 되면 중산층 식별을 위한 학력 하한선은 높아질 수 있다. 주택규모도 마찬가지다. 앞서 중산층 판별기준에서 주택에 있어 자가는 '20평 이상' 그리고 전·월세는 '30평 이상'으로 하한선을 설정하고 있지만 생활수준의 향상으로 주거공간에 대한 욕구가 증대할 경우 이 하한선은 높아질 수 있다. 그러나 계급적 지위, 교육, 주택규모 등은 시계열적 분석에서 동일한 기준을 사용할 경우 시간이 흐름에 따라 중산층의 규모는 증가하게 된다.

반면에 '상대' 중산층은 소득분포와 같은 변수를 사용할 때 추정되는 것으로 전 인구의 일정 부분은 항상 중산층으로 규정된다. 예를 들어, 중위 소득의 몇 % 또는 소득의 10분위 중 중간 분위의 소득계층 등에 근거할 경우 일정 인구는 항상 비중산층으로 남을 수밖에 없다.[4] 이는 마치 우리가 빈곤인구를 절대빈곤인구와 상대빈곤인구로 구별하여 추정하는 것과 유사하다. 경제발전과 국민생활수준의 향상은 절대빈곤인구를 크게 감소시켰지만, 상대빈곤인구는 항상 일정하게 남아 있는 것과 같은 논리이다. 우리나라의 경우 1960년대 이래로 절대빈곤인구는 지속적으로 줄어들었지만, 상대빈곤인구는 시기별로 부침을 보이면서도 일정한 규모로 남아 있다(홍두승 · 구해근, 2001: 90-95; 구인회, 2004). 뿐만 아니라 주관적 귀속의식에서의 중산층도 상대 중산층의 또 다른 형태라 할 수 있다. 예컨대, "한국사회를 다음과 같은 x개의 층으로 나누었을 때 귀하는 어느 층에 속한다고 생각하십니까?" 와 같은 질문에 대한 응답은 자신의 상대적 위치를 판단하도록 한 것으로 절대 기준과는 별개이다. 중산층 귀속의식에 관해서는 다음 장에서 자세히 살펴볼 것이다.

절대 중산층이나 상대 중산층이 모두 유용한 개념임에 틀림없다. 그러나 이러한 개념은 사용하는 목적에 따라 그 효용성이 달라진다. 만약 중산층 육성을 통해 사회적 안정을 기하겠다는 정책적 목표가 있다면

---

4. 단지 중위 소득의 일정 비율(예컨대, 50~150%, 류상영 · 강석훈, 1999)을 기준으로 삼을 때 소득분포 여부에 따라 중산층의 규모는 차이를 보이게 된다. 즉 계층간 소득격차가 커지면 중산층의 규모는 축소될 것이고 반대로 작아지면 중산층의 규모는 확대될 것이다.

절대 중산층이 보다 타당한 개념일 것이다. 반면에 계층간 격차 축소에 관심을 갖는다면 상대 중산층이 보다 더 의미 있는 구획이라 본다. 이 글에서의 중산층 규정은 절대 중산층 개념에 기초하면서도 상대 중산층의 요소가 일부 가미되어 있다고 볼 수 있다.

VI. 중산층 귀속의식과 이념성향

지난 20여 년간 언론사나 사회조사기관에서 실시한 사회조사 결과에 따르면 우리나라 사람들 중 스스로 '중산층'이라고 생각하는 사람의 비율은 70~80%에 이르고, 많은 경우에는 90% 이상까지도 나타나고 있음을 볼 수 있다. 그러나 이와 같은 높은 비율은 일반 사람들이 느끼고 있는 현실과는 다소 거리가 있는 것이어서 이러한 결과의 타당성을 둘러싸고 많은 논란이 있어 왔다. 그러면 중산층 귀속의식은 과연 무엇이며 이것이 갖는 함의는 무엇인가? 이 장에서는 중산층 귀속의식을 계급의식의 틀 속에서 살펴보고 그 허와 실을 조명해 보고자 한다.

또한 중산층의 실체를 파악하기 위해서는 중산층이 갖는 이념적 성향과 정치사회적 의식 및 태도에 대해 살펴볼 필요가 있다. 나아가 이들의 성향과 태도가 다른 계층과 어떤 차별성을 보이고 있으며 그 차이의 원인은 무엇인지에 대해서도 관심을 갖는다. 앞으로 정치사회적 · 경제적 인식에 있어 중산층과 비중산층이 계층간의 경계를 넘어서서 공유하는 부분이 어느 정도 확대 또는 축소될 것인가에 대해서도 탐색해 본다.

1. 계급의식과 계급귀속의식

계급의 구분은 계급의 성원들이 계급의 차이를 인지하고, 다른 계급과의 관계를 갈등관계로 받아들이며 이것이 행동으로 나타날 때 실체적인 의미를 갖는다고 볼 수 있다. 즉 자신의 계급적 이해관계를 인지하고, 다른 계급의 이익은 정당치 않은 것으로 여겨 이를 거부하며, 자신들의 이익을 구현하기 위해 집합적으로 정치적 수단을 사용하고자 할 때 계급의식이 있다고 할 수 있다(Mills, 1951: 324-27). 기든스(Giddens, 1973: 107-17)는 '계급인지'(class awareness)와 '계급의식'(class consciousness)을 구분하면서 계급인지는 계급구성원들이 유사한 태도와 믿음을 함께 인지하고 수용함으로써 공통의 생활양식을 갖게 되는 상태를 의미하지만, 자신들과 다른 태도, 믿음, 생활양식을 갖는 또 다른 계급이 존재한다는 것을 인지할 때 계급의식이 존재하게 된다고 보았다. 동일한 객관적 위치에 처해 있는 사람들이라도 심리적으로 동일시하는 계급의 범주에 따라 사회적 태도와 성향이 다르게 나타나고 있다. 그러므로 객관적 기준에 따른 계급의 파악과 더불어 계급의식도 함께 고려하게 된다.

그렇다면 우리 사회에서 계급의 정체성과 의식은 어떤 양상으로 나타나고 있는가? 1970~80년대의 한국의 정치 · 사회적 환경은 계급의 정체성을 가진 노동자계급의 등장을 촉진하였다고 볼 수 있다(구해근, 2002: 221-22). 특히 1987년 이후 노동조합운동이 활성화되면서 노동자계급의 정체성은 크게 부각되었으며, 생산직 노동자뿐만 아니라 전문직, 사무직 등 화이트칼라 근로자들의 노조 참여도 크게 늘어났다. 민주노총 소속 26개 산별노조 중 전교조, 대학노조, 사무금융연맹 및 공공연맹 소속 노조, 병원노련, 언론노련 등의 노동조합에서는 전문직, 전문기술직 및 사무직 종사자들이 중심적 역할을 담당하고 있다. 이들

노동조합이 추구하는 목표에는 노동자의 권익을 보호하고, '자본과 권력'에 대항하며, 노동자를 정치세력화하고, 이를 위해 국내외 다른 노동조직과 연대한다는 내용이 포함되어 있다. 1995년 11월에 출범한 민주노총은 창립선언문에서 "…정권과 자본으로부터 자주성과 조합내 민주주의를 강화하고 전체 노동조합운동의 통일단결을 위해 매진할 것이며, 제 민주세력과 연대하여 정치세력화를 실현할 것이다"라고 밝히고 있다.[1] 한국노총도 강령에서 "자본과 권력으로부터 노동운동의 자주성을 견지하고," "노동기본권의 완전한 보장을 통하여 노동자의 인간적인 삶을 확보하며," "경제투쟁과 정치투쟁을 결합하여 노동자의 경제, 사회, 정치적 지위를 개선하고," "국내외의 모든 민주적 운동세력과 연대를 강화한다"는 내용을 명시하고 있다.[2]

개별 노조의 강령에는 일반적인 목표 이외에 각 산업별 특성에 맞는 내용을 담고 있다. 예컨대, 언론노조의 경우 "공정보도를 가로막는 권력과 자본의 횡포에 맞서 편집-편성권 쟁취를 위한 민주언론 수호투쟁"을 포함시키고 있으며,[3] 금융노조는 "자본과 반노동자 권력에 대한 투쟁을 통해 국가제도 및 정책에 적극 개입하여 금융산업의 민주화와 국민경제의 균형된 발전을 이룩한다"고 밝히고 있고,[4] 민주택시노조는 "장시간 노동과 전 산업, 업종에서 가장 낮은 임금, 항상 사납금에 쫓기어 시민들에게도 천덕꾸러기가 되어버린 택시노동자의 비참한 현실을 타파하고 택시노동자의 인간다운 삶의 쟁취를 위해 투쟁할 것이다"라고 선언하고 있다.[5] "…전세계 노동자가 모두 하나라는 인식 아래 국제연대운동을 실천하고…"(언론노조), "…노동운동의 총 단결로 노동자

---

1. 전국민주노동조합총연맹 홈페이지 http://www.nodong.org 참조.
2. 한국노동조합총연맹 홈페이지 http://www.fktu.or.kr 참조.
3. 전국언론노동조합 홈페이지 http://media.nodong.org 참조.
4. 전국금융산업노동조합 홈페이지 http://www.kfiu.org 참조.
5. 전국민주택시노동조합연맹 홈페이지 http://www.nodong.org 참조.

계급의 지위향상을 위한 정치경제 투쟁에 앞장서며…" (금융노조), "… 우리 과학기술노동자들은 전국과학기술노동조합의 깃발 아래 굳게 단결하여…" (과학기술노조)[6]와 같이 여러 노조의 강령에서 노동자의식이나 노동자계급의식을 강조하고 있다.

이러한 점에서 본다면 다수의 노조에서 자신들의 이해관계를 밝히고 있고, 이를 쟁취하는 데 걸림돌이 되고 있는 대상, 즉 자본과 권력을 설정하고 있으며, 이를 구현하기 위해 집합적 행동으로 결집할 것을 촉구하는 과정은 계급의식의 한 단면을 보여주는 것이라 하겠다. 그러나 노동조합의 이와 같은 강령들이 개별 노동자들에 의해 모두 수용되고 있는 것은 아니다. 자신들의 신분보호와 지위향상을 위해 노조에 가입하고 있다 하더라도 이들이 반드시 '노동자계급'의 정체성을 갖고 있다고 단언할 수는 없다. '노동조합'의 기치 아래 공동보조를 취하고 있지만 노동조합의 구성원은 내적으로 분화되어 있으며, 산업별 · 직종별로 이해관계를 달리하고 있다. 화이트칼라 노조원의 경우 '노동자계급'으로 성격규정을 하고 있으면서도 관리직으로 승진하게 되면 신분변화에 따라 노조를 탈퇴하게 된다. 구해근(2002: 304)은 우리나라의 노동자계급에 대해 "조직적 · 정치적 · 이데올로기적으로 약하고 허물어지기 쉬운 계급이며 … 상대적으로 피상적이고 모호한 계급의식을 가지고 있는 계급"이라고 묘사하기도 하였다.

계급의식에 관한 경험적 연구들은 다음의 몇 가지 측면에 초점을 맞추었다. 우선 계급의 질서를 단절적인 것으로 이해하고 있는가, 그리고 이렇게 구분된 관계에서 동일한 위치로 집합화된 사람들이 그들간에 일치된 이해관계를 가지면서 타 계급과 상반된 이해관계 속에 어떤 갈등의 관계를 가지고 있는가 하는 점이다. 예를 들면, 우리 사회가 '잘사는 사람'과 '못사는 사람'으로, '가진 자'와 '가지지 못한 자'로, '힘

6. 전국과학기술노동조합 홈페이지 http://kstu.nodong.org 참조.

있는 사람'과 '힘 없는 사람'으로, 아니면 '좋은 교육을 받은 사람'과 '제대로 교육을 받지 못한 사람'으로 나누어진다고 하는 2분법적인 대립의 상황으로 설정하고, 이 차이가 개인적인 것이 아니라 구조적인 요소에 의해 발생된 것으로 이해한다면 계급의식이 존재한다고 할 수 있다. 특히 이들 사이에서 상대적 강자가 약자 위에 군림하고 이들의 희생 위에 자신들의 기득권을 유지하는 등, 두 개 또는 그 이상의 구분된 범주 사이의 관계를 갈등적이고 적대적인 것으로 파악한다면 계급의식은 좀더 뚜렷해질 것이다(Ossowski, 1963: 2장).

지금까지 경험적 연구에서 계급의 정체성과 계급의식은 '계급귀속의식'(class identification)을 통해 많이 측정하였다. 계급귀속의식은 일반적으로 계급의 범주를 열거하고 그 가운데에서 자신이 동일시하는 계급의 범주를 선택케 하는 방법으로 파악하고 있다. 그러나 계급의 범주를 몇 개로 하고 계급의 명칭을 어떻게 사용하느냐에 따라 그 결과는 달라질 수 있다. 그 동안 우리나라의 많은 연구들은 '계급귀속의식'보다 '계층귀속의식'에 초점을 맞추고 이를 파악하고자 노력하였다. 특히 중산층 귀속의식은 학문적 · 정책적 관심의 대상이 되어 왔다.

2. 중간계급의식과 '중간' 의식

'중산층 귀속의식'[7]에 대한 논의는 중산층의 양적 확대와 귀속의식의 증가가 사회적 안정의 중요한 원인임과 동시에 이를 나타내는 하나의 지표로 간주될 수 있다는 가정에서 출발하고 있다. 여기서 우리는 중산층 의식에 대한 논의와 관련된 몇 가지 문제점들을 살펴볼 필요가 있다. 우선 한 개인이 자신을 '중간계급' 또는 '중간층'과 동일시하고 있을 때에 이것이 실체적인 의미의 '중간계급'인지 아니면 단순히 '중

7. '중간층 귀속의식'과 동일한 의미로 사용한다.

간'의 의식을 나타내는 것인지를 구분하기란 쉽지 않다. 특히 '중간' 귀속의식의 경우, 개별적인 사회구성원들이 생각하는 세계란 항상 자기중심의 세계이므로 한 사회의 계층구조에 대한 스스로의 판단 역시 이를 따를 수밖에 없기 때문이다. 또한 한 개인이 속해 있는 집단의 수준은 서로 다를 수 있다. 전체사회에서 상층부를 형성하고 있는 집단의 중간층과 하층부를 구성하고 있는 집단의 중간층은 다를 수 있다. 마찬가지로 경제적 · 사회적 발전 정도를 달리하는 두 사회에서의 중간층 역시 그 수준이 각기 다르다. 앞서 지적한 바와 같이, 사람들은 사회의 계층구조 속에 자신을 중간에 위치시키는 경향을 가지고 있기 때문에 이를 바탕으로 계층의식 또는 계급의식을 설명하고자 할 때에는 많은 주의를 기울여야 한다. 조사연구결과에 나타난 과반수 이상의 중간층 귀속의식이 곧 계층구조의 다이아몬드형을 가리키는 것은 아니며, 더욱이 이를 근거로 하여 사회적 안정화의 경향을 결론짓는 것은 타당하지 않다. 이러한 문제에 직면하여, 외국의 연구에서는 중간층의 귀속의식보다는 중간계급 귀속의식에 더 비중을 두고 있다.

일본의 경우, 1955년부터 1975년까지는 '중'의식이 급격히 증가하였다가 그 이후로는 큰 변화를 보이고 있지 않다.[8] 즉 1955년에는 응답자의 42%가 '중의 상'이나 '중의 하'로 답변했지만, 이 수치는 1975년에 이르러 77%까지 높아졌다가 그후 20년 동안은 큰 변화를 보이지 않고 1995년에는 73%를 보여주었다(나오이, 1979; 마마다, 2000). 마마다(間間田, 2000)는 불평등도가 높은 시기에는 양극화되는 경향이 있고, 반대로 계층간 격차가 줄어들고 평등도가 높은 시기에는 중간의 범주로 집중되는 경향이 있다고 지적하였다. 1975년 SSM 조사자료에 따르면 77%가 '중간층'에 귀속하는 것으로 나타나고 있지만, 계급을 자

8. 일본은 1955년 이래로 10년마다 SSM 조사를 실시하여 1995년까지 모두 5회에 걸친 자료가 축적되어 있다.

본가계급, 중산계급, 노동자계급으로 분류하였을 때 중산계급으로 대답한 사람은 24.1%에 불과하며, 71.0%의 사람들은 스스로를 노동자계급으로 생각하고 있었다.

비슷한 시기에 우리나라에서 이루어진 김영모(1980)의 연구에서는 42.1%가 중산계급으로, 54.5%가 노동자계급으로 응답하였고, 이것을 전국적으로 추계하면, 중산계급은 34.4%로 낮아지고 노동자계급은 64.1%로 높아진다. 이러한 수치는 물론 지역에 따라 차이를 보이는데 서울에서는 55%가 중산계급으로, 다른 도시지역에서는 44%가, 그리고 농촌지역에서는 15% 정도가 그러한 의식을 가지고 있었다.

1960년대 이후 사회계층 연구에서 귀속의식은 중요한 연구주제 중 하나였다. 귀속의식은 계층의 단계를 선택지로 제시하고 자신이 동일시하는 범주를 하나 고르도록 하는 방식으로 주로 측정하였다. 〈표 6-1〉은 '중간층'에 해당하는 범주를 선택한 사람들의 비율을 정리한 것이다. 이 표는 시기별 추이를 보기 위해 가용한 자료를 중심으로 제시하였다. 여기서는 매 조사마다 대상지역, 계층의 명칭 및 단계 수, 질문방식 및 내용 등이 달라 일관된 시계열적 비교에는 무리가 있지만 전반적인 추세를 살펴보는 데는 큰 문제가 없으리라 본다. 특히 계층의 단계 수는 적게는 4개에서 많게는 9개까지로 분류되어 있으며 질문내용도 다양하게 구성되어 있다. 즉 일반적 계층수준을 질문하는 경우도 있고 경제적 지위나 소비생활수준을 질문하는 경우도 있다.

이와 같은 한계점을 염두에 두고 지난 40여 년간의 변화추이를 보면 '중간층'에 속한다고 생각하는 사람의 비율은 전반적으로 증가하고 있음을 볼 수 있다. 1990년대 이후에는 IMF 경제위기 직후의 일시적 하락을 제외하면 80% 이상을 유지하고 있다. 우리 사회에서 중간층 귀속의식은 IMF 사태 직후 큰 변화를 보였는데 IMF 사태 이후 중간층 귀속의식은 일시적으로 급속히 감소하였다. 이 시기에 여러 언론기관에서 실시한 조사는 거의 대부분이 중간층의 감소와 하층의 증가를 보고하

표 6-1. 중간층 귀속의식에 관한 추이

조사 연도	조사지역	조사 대상자	표본수	계층 단계	중간층 귀속률(%)			계	출처
					중의 상	중의 중	중의 하		
1962	서울, 대구 전주	남성 가구주	675	5	12.5		35.4	47.9	홍두승(1983a)
1964	서울	세대주	971	6	29.1		34.3	63.4	
1968	서울	가구주	715	4	23.8		37.8	61.6	
1976	서울	남성 가구주	776	5	14.6		35.1	49.7	
1977	서울, 부산 광주, 천안	가구주	2,459	9	10.5	30.7	21.7	62.9	
1979	전국 (서울)	가구주 또는 배우자	2,000	5	14.8 (22.5)		32.4 (41.4)	47.2 (63.6)	
1981	전국	남녀유권자	1,254	6	26.9		36.5	63.4	
1984	전국	유권자	1,016	7	6.1	37.2	31.6	74.9[1)]	최명 외(1989)
1992	서울	성인 남녀	711	5	12.0	49.2	25.6	86.8	Hong(1999)
1995	전국	성인 남녀	2,000	5	9.4	54.2	28.8	92.4	동아일보사(1995)
1998	전국	성인 남녀	1,000	5	5.1	35.2	36.7	77.0	한겨레신문 (1998.7.22)
1998	서울 등 6대 도시	가구주	1,000	6	6.1	29.1	39.9	75.1	한국경제신문 (1998. 10.13)
2002	전국	성인 남녀	2,002	9	12.0	43.6	24.5	80.1[2)]	한국소비자 보호원(2002)
2002	서울	성인 남녀	1,500	5	6.3	46.0	39.0	91.3	조권중 · 한영희 (2003)

주: 1) 7개의 범주 중 상위 2개 및 하위 2개 범주를 제외하고, '그런대로 잘사는 층'(6.1%), '중간 정도 사는 층'(37.2%), '중간보다 약간 못사는 층'(31.6%) 등 중간 3개 범주를 더한 비율임.

2) '소비생활수준'을 질문함.

였다. IMF 이전과 이후를 비교할 때 1998년 7월의 한겨레신문 조사는 중간층(중의 상, 중의 중, 중의 하)이 81.5%에서 77.0%로 감소하고, 반면에 하층은 17.5%에서 22.2%로 증가한 것으로 밝혔다.[9] 같은 해 10월에 실시한 한국경제신문의 조사에서는 1년 전과 비교하여 중간층(중상류층, 중류층, 중하류층)이 88.5%에서 75.1%로 감소하고, 하층(하류층, 최하류층)은 10.4%에서 24.6%로 크게 증가하였다.[10] 마찬가지로 대한매일신보사(1998)의 조사에서는 사람들이 IMF 이후 빈부의 격차가 심화되었다는 점을 체감하고 있으며, 스스로 평가한 자신의 사회계층적 지위에서 IMF 전과 비교하여 지위의 하강을 겪고 있는 사람이 무려 46%에 달하고 있고, 반면에 상승되었다고 보고한 사람은 5%에 불과하였다.

여기서 우리는 '중의 하,' '중하층,' 또는 '중하류층' 등 하위 중간층이 갖는 의미를 음미해 볼 필요가 있다. 2002년도 서울시정개발연구원의 조사에서는 5개의 범주 중 '중의 상,' '중의 중,' '중의 하' 등 중간층으로 응답한 사람이 91.3%에 이르렀지만(표 6-1; 조권중 · 한영희, 2003), 이 중 '중의 하'라고 응답한 사람은 39.0%였다. 1990년대 이후 조사된 자료에서 보면 중간층의 3범주 중 최하위의 범주인 '중의 하'로 인식한 사람이 25~40% 수준에 달하고 있다. 이 층과 동일시하는 사람들은 엄밀히 이야기하자면 스스로 '하류층'이라고 생각하지는 않지만 '중간층'에는 다소 못 미치는 계층이라고 판단하고 있는 층이라 볼 수 있다. IMF 사태 직후 '중류층' 귀속의식은 크게 감소하였지만, 반면에 '하류층'이나 '중하류층'의 비율은 크게 증가하였다. 1998년도에 실시한 한국경제신문의 조사에서도 '중류층'은 전년도에 비해 48.8%에서 29.1%로 크게 감소하였지만 '중하류층'은 오히려 25.4%에서 39.9%로

9. 한겨레신문, 1998년 7월 22일자.
10. 한국경제신문, 1998년 10월 13일자.

표 6-2. 계층 판단의 이유 (2개 선택)

순위	기준	%
1	소득수준	79.5
2	소비수준	43.0
3	문화생활의 향유	22.1
4	직업과 지위	21.5
5	학력	17.2
6	건전한 가치관	12.3
7	사회참여	3.3
8	정치의식	0.7

자료: 서울시정연 2002 조사.

증가하였다. 만약 '중하층' 귀속을 제외한다면, 상류층을 포함하여 중간층 이상과 동일시한 사람은 2002년의 경우 전체 응답자의 60%에 못 미치게 된다. 말하자면 다수의 사람들이 큰 범주로서의 중간층에는 속한다고 생각하지만 중간층의 주변적 위치에 자신을 자리매김하고 있는 것이다.

그렇다면 사람들은 어떤 기준에 따라 자신의 계층적 지위를 판단하는 것일까? 서울시정개발연구원의 2002년도 조사자료를 살펴보기로 한다. 이 조사에서는 상층에서 하층에 이르기까지 5개의 층으로 구분하고 응답자로 하여금 이 중에서 하나를 선택하도록 한 다음 그렇게 생각하게 된 이유를 질문하였다. 복수 선택하게 한 결과, 〈표 6-2〉에서 보는 바와 같이 10명 중 8명이 소득수준을 선택하였고 그 다음으로 소비수준을 꼽았다. 소비수준은 소득과 높은 상관을 갖는 요소로 사람들이 계층을 판단할 때에 경제생활수준을 가장 중요하게 고려하고 있음을 알 수 있다. 반면에 직업과 지위 또는 학력과 같은 기준은 상대적으로 덜 중요하게 나타나고 있다. 이러한 의미에서 본다면 중간층 귀속의식의 증가는 곧 경제적 생활수준이 향상되었다는 것을 의미한다. 마찬가지로 IMF 사태 직후 여러 조사자료에서 나타난 중간층 귀속의식의 감소는 소득 저하에 따른 경제생활의 불안정을 그대로 반영한 것이라 할 수 있다. 따라서 중간계급적 정체성과 중간층 귀속의식은 구분하여 이해할 필요가 있다.

3. 계급 · 계층 구분에 따른 계층귀속의식

중간층 귀속의식은 객관적인 계급 및 계층 구분에 따라 어떤 차이를 보여주는가? 1992년 및 2002년에 서울지역에서 조사한 자료를 활용하여 살펴보고자 한다. 먼저 1992년도 자료는 동아시아 4개국 비교연구를 위해 수집된 것인데 이 조사에서는 자신의 가족이 속하고 있다고 생각하는 계층집단을 상류계층, 중상계층, 중간계층, 중하계층, 하류계층 등 5개 범주 중에서 고르도록 하였다. 관행적으로 사용하는 다섯 개의 범주는 중간계층을 두 범주, 즉 중상 및 중하로 나누고 있지만, 이 조사는 '중간'을 더 포함시켜 세 개의 하위범주로 하였다. 반면에 하류계층은 나누지 않고 하나의 범주로 하였다. 따라서 응답자들은 중간의 범주에서 더 많은 선택지를 갖게 된 셈이다.

그 결과 전체 응답자 중 86.8%가 중상, 중간, 중하 등 중간층과 동일시하였다(표 6-3). 이 중에서도 응답자의 반이 '중간계층'과 동일시하였고, 1/4 정도가 '중하계층'으로 밝혔다. 이를 다시 객관적 계급지위별로 나누어 보면 중상계급은 극소수를 제외하고는 중간층 이상의 귀속감을 보이고 있고 특히 30% 정도는 '중상계층'으로 생각하고 있었다. 신 · 구중간계급 역시 대다수가 중간층과 동일시하고 있으나 중상계급에 비해 '중하계층'과 동일시하는 사람들의 비율이 높다. 신 · 구중간계급은 중상계급이나 비중간계급과 차별성을 가지면서 서로는 매우 유사하다. 근로계급과 하류계급도 '하류계층'보다는 중간층이라고 생각하는 사람의 비율이 더 높다. 하류계급의 경우 43.8%가 '하류계층'이라고 응답하였지만 반수 이상이 '중간계층' 및 '중하계층'과 동

표 6-3. 계급별 귀속계층, 1992 (단위: %)

귀속계층	전체	계급구분				
		중상계급	신중간계급	구중간계급	근로계급	하류계급
상류계층	0.8	4.9	0.4	0.5	0.0	0.0
중간층	**86.8**	**93.8**	**94.6**	**86.9**	**77.3**	**56.2**
중상계층	12.0	29.6	14.4	10.2	2.5	0.0
중간계층	49.2	55.6	54.9	51.5	40.3	20.8
중하계층	25.6	8.6	25.3	25.2	34.5	35.4
하류계층	12.4	1.2	5.1	12.6	22.7	43.8
계	100.0	100.0	100.0	100.0	100.0	100.0

자료: 서울대 인발연 1992 조사; Hong(1999: 118).

일시함으로써 주관적 계층의 중간 수렴현상을 보여주고 있다. 근로계급(노동자계급)도 77.3%가 중간층과 동일시하고 있음을 본다. 이 점은 근로계급의 정체성을 이해하는 데 중요한 시사점을 던져주고 있다. 즉 객관적 · 계급적 지위와는 달리 생활수준에서는 중간계급에 근접해 가고 있다는 것이다. 그러나 근로계급이나 하류계급에서는 '중하계층'과 동일시하는 사람의 비율이 신 · 구중간계급에 비해 높다.

이와 같은 현상은 10년 후인 2002년 서울시정개발원 조사자료에서도 유사하게 나타나고 있다. 전체적인 추세에서 중간층 귀속비율은 더 높아지고 있다. '중중층' 및 '중하층' 만을 본다면 10년 사이에 74.8%에서 85.7%로 증가하였다(표 6-4). 전체 응답자의 92.1%가 중상층, 중중층, 중하층 중 어느 하나에 속한다고 대답하였으며, 비중산층의 경우에도 84.8%가 중간층에 속한다고 생각하였다. 그러나 1992년과 비교해 보면 상층, 중상층, 중중의 비율과 하층의 비율은 감소하고 중하층의 비율은 크게 증가하였다. 중하층의 증가는 하류층의 감소에서 연유한다. 즉 주관적 평가에서 하류층에서 중하층으로 상승이동한 결과이다. 따라서 중하층은 중간층과 하류층의 중간적 위치로 과도적 계층이라 볼 수 있다. 중간계층이 하류계층으로 바로 몰락하는 것이 아니라

표 6-4. 계층별 귀속계층, 2002 (단위: %)

귀속계층	전체	계층구분		
		핵심적 중산층	주변적 중산층	비중산층
상층	0.3	0.3	0.2	0.4
중층	**92.1**	**98.5**	**94.5**	**84.8**
중상층	6.4	13.2	5.5	1.7
중중층	46.3	57.4	50.9	33.1
중하층	39.4	27.9	38.1	50.0
하층	7.6	1.3	5.3	14.8
계	100.0	100.0	100.0	100.0

자료: 서울시정연 2002 조사.

중하계층으로 일단 하강하게 되고, 반대로 하류계층은 중하계층을 거쳐 중간계층으로 진입하게 된다고 생각할 수 있다. 계층별 분포를 보면 핵심적 중산층과 주변적 중산층은 중중층, 그리고 비중산층은 중하층과 동일시하는 비율이 높게 나타나고 있다. 비중산층의 경우에도 스스로 하층이라고 생각한 사람은 14.8% 정도에 그쳐 대다수가 중간의 어느 한 범주에 속한다고 생각하는 것이 주목된다.

개별 사회과학자나 언론에서 수행한 사회조사는 이와 비슷한 결과를 발견하고 한국사회가 '중산층 사회'로 이행해 나간다는 점을 부각시켰다. 지금까지의 경험적 연구들은 주관적 중간계층의 인플레를 지적해 왔으며, 일부 학자들은 스스로 평가한 주관적 계층의 의미와 적합성에 대해 회의적이었다. 그러나 하류층이라고 생각하는 사람이 줄어들고 반면에 중간층에 귀속한다고 느끼는 사람이 증가한다는 것은 그것이 '중간계급' 귀속의식이든 '중산층' 귀속의식이든간에, 자기 스스로를 계층적 위계상 최하위에 위치시키지 않고 자신보다 더 못한 계층의 존재를 인지하고 있음을 보여주는 것이다.

4. 중산층 의식의 대안적 접근

주관적 귀속의식의 문제점을 보완하기 위해 우회적 질문을 통해 주관적 계층 측정의 대안적 방법을 생각해 볼 수 있다. 그 중 하나는 자신 가족의 경제적 형편에 대해 어떻게 인지하고 있는지를 질문하여 대답을 구하는 것이다. 경제 형편은 4개의 범주 중 어느 하나를 고르게 한 것인데, 각각은 다음과 같다. (1) "넉넉하며 별 어려움 없이 풍족하게 쓰고 있다," (2) "크게 넉넉하지는 않지만 그런대로 여가생활도 즐기고 있는 편이다," (3) "먹고는 살지만 빠듯하여 다른 여가생활은 별로 즐기고 있지 못한다," (4) "하루하루 먹고 살기에도 급급하다" 등이다. 여기서 중간계급을 충분하지는 않지만 어느 정도 여가생활도 즐길 수 있는 사람들로 규정짓는다면 위의 (1)과 (2)를 선택한 사람들로 좁혀질 수 있다. 이 기준에 따르면 중상계급의 79.0%가 이 기준을 충족시키고 있는 것으로 나타난다. 신중간계급은 65.0%, 구중간계급은 52.9%인 반면 근로계급은 31.3%, 그리고 하류계급은 10.4%를 보여준다(표 6-5). 〈표 6-3〉과 비교해 보면 '중간계층' 이상이라고 응답한 사람 중에서도 경제적 이유에서 다른 여가생활은 별로 즐기지 못하는 경우가 많

표 6-5. 가정의 경제 형편 (단위: %)

경제상황	전체	계급구분				
		중상계급	신중간계급	구중간계급	근로계급	하류계급
충분하다	3.1	11.1	0.8	3.9	2.5	0.0
여가 즐긴다	50.7	67.9	64.2	49.0	28.8	10.4
소계	**53.8**	**79.0**	**65.0**	**52.9**	**31.3**	**10.4**
불충분하다	40.6	21.0	33.5	42.2	61.9	52.1
힘들다	5.6	0.0	1.6	4.9	6.8	37.5
계	100.0	100.0	100.0	100.0	100.0	100.0

자료: 서울대 인발연 1992 조사.

다는 점을 알 수 있다. 근로계급의 경우 42.8%가 중간계층과 동일시하였지만, 큰 어려움이 없다거나 크게 넉넉하지는 않지만 그런대로 여가생활도 즐기고 있는 편이라는 사람의 비율은 31.3%에 불과하다. 또한 하류계급은 20.8%가 중간계층에 속한다고 응답하였지만 그런대로 여가생활도 즐길 수 있다고 생각한 사람은 10% 정도였다.

또 다른 측면에서 사회적 연줄망을 통해 계층별 사회적 위상을 파악해 볼 수 있으리라 본다. 어떤 어려운 문제에 직면했을 때 주변에서 어느 정도의 도움을 받을 수 있는가를 알아보고자 4개의 선택지를 주어 고르게 하였다. 즉, (1) "이를 처리해 주도록 쉽게 부탁할 수 있는 사람(가족 · 친지 · 친구)이 있다," (2) "여기저기 수소문해 본다면 한 다리 건너쯤 도와줄 만한 사람이 있다," (3) "아는 사람이 별로 없어 문제를 해결하는 데 어려움이 있다," (4) "돈도 없고 빽도 없으니 앉아서 당하는 수밖에 없다" 등이다.

응답결과는 〈표 6-6〉에 계급집단별로 제시되어 있다. 전체 응답자 중 68.4%는 문제해결에 직 · 간접적으로 도움을 줄 수 있는 사람이 있음을 밝히고 있다. 그러나 하류계급은 이러한 면에서 5개의 계급집단 중 가장 열악함을 보여준다. 이 집단의 3분의 1이 어려움에 부딪칠 때

표 6-6. 사회연줄망의 가능성 (단위: %)

반응	전체	계급구분				
		중상계급	신중간계급	구중간계급	근로계급	하류계급
쉽게 접근	41.2	54.3	42.4	39.5	46.2	8.3
간접 접근	27.2	34.6	32.9	24.4	17.1	20.8
소계	**68.4**	**88.9**	**75.3**	**63.9**	**63.3**	**29.1**
접근 곤란	22.8	9.9	19.2	26.8	26.5	37.5
방법 없음	8.8	1.2	5.5	9.3	10.3	33.3
계	100.0	100.0	100.0	100.0	100.0	100.0

자료: 서울대 인발연 1992 조사.

경제적 능력도 없고 도움을 요청할 만한 곳도 없어 이를 그대로 감수할 수밖에 없다는 반응이다. "유전무죄 무전유죄"라는 생각은 특히 하류계급에서는 보편화되어 있다. 그렇다면 중간계급은 어떠한가? 신중간계급의 75.3%와 구중간계급의 63.9%는 그들을 도와줄 수 있는 사람을 최소한 간접적으로라도 찾을 수 있다고 대답하였다. 반면에 중상계급은 이들 두 집단보다 훨씬 높은 비율을 보여주었다. 여기서 구중간계급의 응답유형은 신중간계급이 아닌 오히려 근로계급과 비슷하다는 점이 주목된다. 사회적 연줄망과 관련해서 신 · 구중간계급간의 차이를 볼 수 있다.

5. 중산층의 자화상

지금까지의 논의에서 다수의 사람들이 '중간층'에 속한다고 생각하고 있음을 알 수 있었다. 그렇다면 중산층 자신은 스스로의 특성을 어떻게 평가하고 있는가? 중산층의 이미지에 관한 최근의 자료는 찾아보기 힘들고, 다소 오래되었으나 1987년도에 서울대학교 사회과학연구소(1987)가 조사한 자료를 참고할 수 있으리라 본다. 이 조사가 이루어진 이후 우리 사회는 정치 · 사회적으로 큰 변화를 겪어왔기 때문에 1980년대 후반과 지금의 상황은 차이가 있을 수 있다. 그러나 중산층에 대한 인식이 계층간 어떠한 차이를 보여주고 있는가를 살펴보는 것은 의미있는 작업이라 할 수 있다. 이 조사에서 중산층은 건물 면적 기준 20~60평 규모의 주택에 거주하는 사람으로 규정하고, 20평대 거주자의 경우 소유자만을 포함시키고 있다. 조사대상은 도시지역에 국한되어 있고, 중산층 이외에 생산직 근로자를 비교집단으로 삼고 있다.

중산층의 속성을 파악하기 위해 중산층 스스로가 자신들의 정치사회적 성향과 의식구조를 어떻게 평가하고 있는지를 알아보고자 하였다(표 6-7). 중산층에 대한 스스로의 평가를 보면, 중산층이 "우리 사회

표 6-7. 중산층에 대한 견해

중산층에 대한 견해	찬성비율 (%)[1]	
	도시 중산층	생산직 근로자
우리 사회의 발전에 큰 기여를 해왔다	85	72
공중도덕이나 질서를 잘 지킨다	82	65
점진적인 개혁을 바라지만 급진적인 개혁에는 반대한다	81	70
생활 정도에 비해 세금을 많이 내는 편이다	78	58
민주화의 중심세력이다	76	60
신문이나 TV에 대해 비판적이다	72	60
말로는 비판적이지만 행동이 따르지 않는다	72	68
특권층에 대해 하층보다 더 비판적이다	63	61
타산적이다	59	61
경제성장보다는 정치적 자유를 중시한다	52	57
기회주의적인 속성이 많다	47	59
자기 가족만을 생각한다	47	55
생활 형편에 걸맞지 않게 지출을 많이 한다	39	50
못사는 사람들의 요구에 대해 무관심하다	36	56
자기 목적을 이루기 위해서는 수단과 방법을 가리지 않는다	21	46

주: 1) 응답은 '동의한다,' '동의하는 편이다,' '반대한다,' '전적으로 반대한다' 등 4점 척도로 이루어져 있는데 '동의한다' 와 '동의하는 편이다' 를 더하여 찬성률로 제시한다.

출처: 서울대학교 사회과학연구소(1987).

의 발전에 큰 기여를 해왔다"고 하는 데에는 절대 다수가 찬성한다. 중산층은 스스로를 언론매체 및 기존 체제를 늘 비판적인 눈으로 바라보지만, 이들의 비판적 성향은 반드시 행동으로 표현되는 것은 아니라고 평가하고 있다. 즉 이들은 중산층이 체제의 개혁을 갈구하면서도 급진적인 방법에는 반대한다고 인식하고 있다. 중산층을 민주화의 중심세력으로 이해함으로써 궁극적으로 민주화를 향한 점진적 개혁에 주도적 역할을 할 것으로 기대하고 있다. 그러나 이러한 평가에 대한 생산직 근로자들의 평가는 다르다.

중산층은 경제적으로는 이미 안정되어 있는 층이다. 따라서 많은 사람들이 중산층은 혁명적 방법에 의해 체제가 변혁되는 것을 원치 않으며, 개혁도 주어진 틀 속에서 추구하기를 바란다고 생각하고 있다. 그렇기 때문에 중산층이 다른 계층의 성원들로부터 기회주의적이고 개인주의적인 성향을 지니고 있어서 다른 사람들, 특히 못사는 사람들의 실정과 요구에 대해서는 무관심하다고 비판받기도 한다. 그러나 이들 스스로는 이러한 평가에 대해 찬성하지 않는다. 또한 중산층은 수단과 방법을 가리지 않고 자신의 이익을 추구하거나 과대소비성향을 가지고 있다는 비판에 대해서도 상당수가 그렇지 않다고 보고 있다. 그들은 중산층이 대부분 개인의 노력과 성취를 바탕으로 현재의 안정된 지위를 누리고 있으며 우리 사회의 중심세력으로서 충분한 역할을 수행해 나가고 있다고 생각한다. 다시 말해 경제적으로 안정되어 있으면서도 도덕적인 계층이라고 스스로를 평가하고 있는 것이다.

생산직 근로자와 인식에 있어 크게 차이 나는 부분은 "자기 목적을 이루기 위해서는 수단과 방법을 가리지 않는다"에 중산층은 21%만이 찬성한 반면, 생산직 근로자는 46%가 그렇다고 응답하였고, "못사는 사람들의 요구에 대해 무관심하다"에 대해서도 중산층은 36%, 생산직 근로자는 56%가 응답함으로써 중산층의 이기심에 대해 견해의 차이를 보이고 있다. 또한 중산층은 스스로가 "생활 정도에 비해 세금을 많이 내는 편이다"(찬성률 78%)라고 생각하는 반면, 생산직 근로자는 이보다 훨씬 낮은 58%만이 그렇다고 여기고 있음을 본다. 중산층의 도덕성에 관해서는 중산층이나 생산직 근로자 모두 높은 찬성률을 보이고 있지만 찬성 정도는 크게 다르다. "공중도덕이나 질서를 잘 지킨다"에 중산층은 82%가 찬성하고 있지만 생산직 근로자는 찬성률이 65%에 그치고 있다. 중산층의 이기심이 구체적으로 표출되는 양상에 대해서는 다음 장에서 좀더 토의하고자 한다.

6. 중산층의 이념적 성향

위에서 우리는 중산층 및 생산직 근로자들이 내린 평가를 통해 중산층이 급진적 개혁보다는 점진적 개혁을 선호하고 있다는 점을 읽을 수 있었다. 그렇다면 중산층의 이념적 성향은 어떠한 것인가? 이념적 성향은 일차적으로 응답자에게 자신의 이념적 성향을 보수-진보의 척도상에 표시하도록 하여 측정하고 있다. 보수-진보의 축이 갖는 의미가 사람마다 다를 수 있다는 점은 논외로 하고 응답자로 하여금 '매우 보수적이다'에서 '매우 진보적이다'에 이르기까지 5점 척도로 자신이 해당하는 위치를 선택하도록 하였다.

분석에 사용된 자료는 2002년 4월 한국조사연구학회와 한국갤럽이 공동으로 조사한 〈한국인의 사회인식 조사〉이다(보다 자세한 내용은 부록 참조). 중산층의 획정은 가구주의 계급적 지위, 가구소득 그리고 응답자의 교육수준을 기준으로 삼았다. 주택의 소유 여부와 규모에 관한 정보는 가용치 않아 이를 배제하고, 획정 최저기준의 경우 계급적 지위는 중상계급, 신·구중간계급으로, 가구소득은 월평균 가구소득 250만 원 이상으로, 그리고 교육은 대학 재학 이상으로 하였다(보다 자세한 내용은 앞의 장 참조). 가구소득은 50만 원 단위로 되어 있어, 2002년도 도시가계 평균소득 279만 원보다 다소 낮게 책정되었다. 이에 반해 교육의 경우 앞 장에서는 중퇴를 졸업에 포함시켰지만 이 자료에서는 중퇴가 배제되었기 때문에 약간 높게 획정되었다. 최저기준을 충족시키는 경우 1점을 부여하였으며, 계급적 지위의 경우 중상계급에만 2점을 부여함으로써 중상계급은 다른 한 조건이 충족되면 중산층에 포함되도록 설정하였다. 그 결과 3개의 모든 조건을 충족시키는 경우(3점 이상)는 '핵심적 중산층'으로, 2개의 조건만 충족시키는 경우는 '주변적 중산층'으로, 그리고 1개 이하의 조건을 충족시키는 경우는 '비중산층'으로 범주화하였다. 분포를 보면 중산층이 24.0%, 주변적 중산층이 28.4%, 비중산층이 47.6%로 나타났으며, 핵심적 중산층과 주변적 중산층을 더하면 중산층의 비율은 52.4%가 된다.

먼저 응답 선택지 중 '매우 보수적이다'와 '다소 보수적인 편이다'를 '보수적'으로 묶고, '보수도 진보도 아니다'를 '중도적'으로, 그리고 '매우 진보적이다'와 '다소 진보적인 편이다'를 '진보적'으로 묶어 3분하면 보수가 48.4%, 중도가 26.3%, 진보가 25.3%로 나타나 전반적으로 보수의 비율이 더 높다. 참고로 1990년 6월 전국의 성인 남녀를 대상으로 한 조사에서는 보수 38.0%, 중도 40.7%, 진보 21.3%로 나타났는데, 12년 후인 2002년에는 중도의 비율이 크게 줄고, 반면에 보수는 크게 늘었으며 진보는 약간 증가하였다(서울대학교 인구및발전문제연구소, 1990). 지난 10여 년간 우리 사회에서 이념의 축은 양극으로 더 분명하게 나타나고 있다(표 6-8).

〈표 6-9〉는 이념적 성향이 계층별로 어떻게 달리 나타나는지를 보여

표 6-8. 이념적 성향의 변화, 1990~2002 (단위: %)

이념적 성향	1990년	2002년
보수적	38.0	48.4
중도적	40.7	26.3
진보적	21.3	25.3
계 (N)	100.0 (1522)	100.0 (1023)

자료: 서울대 인구및발전문제연구소(1990); 조사연구학회 2002 조사.

표 6-9. 계층별 주관적 이념성향 (단위: %)

이념적 성향	중산층	주변적 중산층	비중산층
보수적	44.2	50.4	48.8
중도적	24.3	25.2	27.4
진보적	31.6	24.4	23.8
계 (N)	100.0 (206)	100.0 (254)	100.0 (533)

주: χ^2 = 5.31, df = 4, p = n.s.
자료: 조사연구학회 2002 조사.

주고 있다. 이 표에서 스스로 보수적이라고 밝힌 사람은 주변적 중산층이 50.4%로 가장 많고, 진보적이라고 생각한 사람은 중산층이 31.6%로 가장 많았다. 그러나 계층별 이념적 성향의 차이는 통계적으로 의미없게 나타났다. 이 점은 좀더 살펴보아야 할 것이다. 이념적 성향의 차이는 연령별, 즉 세대별로 크게 나타나고 있다.

〈표 6-10〉에서 보면 연령별 차이는 극명하다. 50대 이상에서는 거의 60% 가까이가 보수적이라고 밝히고 있는 반면, 20대에서는 35% 정도만이 그렇게 생각하고 있다. 20대에서는 스스로 진보적이라고 밝힌 사람도 보수적인 사람과 비슷한 비율이다.

그렇다면 이들은 우리나라의 일반적 이념성향을 어떻게 평가하고 있는가? 홍미롭게도 전체 응답자의 48.4%가 스스로가 보수적이라고 생각하고 있지만, 우리나라의 전체에 대해서는 70.3%가 그렇다고 생

표 6-10. 연령별 스스로 평가한 이념성향 (단위: %)

이념적 성향	20대	30대	40대	50대 이상
보수적	35.3	44.7	52.6	59.2
중도적	31.1	25.6	26.8	22.6
진보적	33.6	29.8	20.6	18.2
계 (N)	100.0 (241)	100.0 (262)	100.0 (228)	100.0 (292)

주: $\chi^2 = 37.52$, df = 6, $p < .001$.
자료: 조사연구학회 2002 조사.

표 6-11. 연령별 우리나라 일반적 이념성향에 대한 평가 (단위: %)

이념적 성향	20대	30대	40대	50대 이상
보수적	75.5	74.8	69.3	62.7
중도적	16.6	17.9	19.7	26.0
진보적	7.9	7.3	11.0	11.3
계 (N)	100.0 (241)	100.0 (262)	100.0 (228)	100.0 (292)

주: $\chi^2 = 14.83$, df = 6, $p < .05$.
자료: 조사연구학회 2002 조사.

각하고 있다. 특히 50대 이상에서는 스스로 생각하고 있는 것과 우리나라의 일반적 성향과 큰 괴리가 없지만 20대에 있어서는 매우 크다. 20대는 우리나라가 보수적이라고 생각하는 사람이 75%를 초과하고 있다(표 6-11).

7. 중산층의 정치 · 사회적 태도

현재 우리 사회에서 주요 쟁점이 되고 있는 사안에 대한 이들의 의견을 통해 중산층의 이념적 성향을 살펴보고자 한다.

한국조사연구학회 2002년 조사에서는 대북관 및 통일관을 알아보기 위해 3개의 질문을 사용하였다. 표를 간결하게 하기 위해 진술에 대한 지지율만을 제시하였으며, 중립적 의견은 부정적 의견과 통합하여 하나의 범주로 만들고, 2 × 3표를 통계처리한 결과를 제시하였다. 북한에 대해 아무런 조건없이 지원해서는 안 된다거나 국가보안법을 폐지해서는 안 된다는 견해에 대해 비중산층의 지지율이 가장 높고 중산층이 가장 낮다. 특히 주변적 중산층과 비중산층간에는 큰 차이를 보이지 않으나 중산층과는 주목할 만한 차이를 보이고 있다. 통일에 대해서는 조급히 서두르기보다는 자유경제체제로의 통일이 되야 한다는 견해가 모든 계층에서 높은 지지를 보였으며, 중산층이 약간 더 높기는 하지만 타 계층과의 차이가 통계적으로 유의하지 않다(표 6-12a).

경제 및 소득분배에 대한 견해를 알아보기 위해 4개의 질문을 사용하였다. 개별 질문에 대해서는 다소 상반된 의견이 개진되고 있다. 우리나라의 법과 제도가 부자들 편에 서 있다거나 상속제도를 폐지하여야 한다는 진술에 대해서는 비중산층이 중산층보다 더 많이 지지하고 있다. 그러나 빈곤의 탓을 개인에게 돌리는 비율은 통계적으로 유의하지는 않지만, 주변적 중산층이 가장 낮고 중산층과 비중산층은 비슷하다. 소득분배보다 경제성장에 주력하여야 한다는 견해에 대해서는 비

표 6-12a. 계층별 대북 및 통일관

(단위: 지지 %)

의견	계층분류			χ^2 (df=2)
	중산층	주변적 중산층	비중산층	
북한의 기본적 태도의 변화가 없는 한 무조건 지원은 곤란하다	63.6	71.3	74.7	8.96*
국가보안법은 없애서는 안 된다	49.5	57.9	62.3	10.04**
통일은 자유경제체제가 유지되는 방향으로 이루어져야 한다	83.5	79.5	77.1	3.70

주: *p < .05, **p < .01.
자료: 조사연구학회 2002 조사.

표 6-12b. 계층별 경제관

(단위: 지지 %)

의견	계층분류			χ^2 (df=2)
	중산층	주변적 중산층	비중산층	
우리나라의 법과 제도는 가난한 사람들이 아니라 부자들 편에 서 있다	70.9	75.2	79.5	6.64*
재산은 불평등의 원천이므로 상속 제도를 폐지하여야 한다	16.0	17.3	22.5	5.23
정부는 소득분배보다는 경제성장에 주력하여야 한다	39.3	42.1	50.7	9.88**
가난한 사람들이 있는 것은 자신의 능력이 모자라거나 게으르기 때문이다	30.1	26.4	30.8	1.64

주: *p < .05, **p < .01.
자료: 조사연구학회 2002 조사.

중산층이 오히려 더 높은 지지율을 보이고 있다(표 6-12b).

다음으로 노동조합 및 파업에 대한 의견을 물었다. 공무원들의 노조 결성에 대해서는 중산층의 지지율이 높다. 또한 파업에 대한 견해도 비중산층이 더 부정적이다. 회사경영에 근로자 대표 참여문제에 대해서는 계층간 큰 차이를 보이지 않고 있다(표 6-12c).

표 6-12c. 계층별 노조관 (단위: 지지 %)

의견	계층분류			χ^2 (df = 2)
	중산층	주변적 중산층	비중산층	
공무원도 근로자이므로 얼마든지 노동조합을 만들 수 있다	55.8	49.6	40.5	15.76**
근로자들의 파업은 한국 기업의 국제경쟁력을 떨어뜨리므로 자제하여야 한다	48.5	54.7	61.5	11.03**
회사경영에 근로자 대표가 참여해서는 안 된다	21.4	22.4	17.1	3.86

주: $^{**}p < .01$.
자료: 조사연구학회 2002 조사.

표 6-12d. 계층별 사회의식 (단위: 지지 %)

의견	계층분류			χ^2 (df = 2)
	중산층	주변적 중산층	비중산층	
결혼을 전제로 하지 않은 혼전 성관계를 가져서는 안 된다	35.0	39.8	51.2	19.55**
내가 하고 싶은 일이라도 집안 어른들의 체면을 깎는 일이면 하지 말아야 한다	38.8	47.2	49.7	7.09*
사리에 맞지 않는 웃어른의 말씀이라도 일단 따라야 한다	25.2	25.2	25.1	0.00

주: $^{*}p < .05$, $^{**}p < .01$.
자료: 조사연구학회 2002 조사.

사회의식을 알아보기 위해 3개의 질문을 사용하였다. 결혼을 전제하지 않은 혼전 성관계에 대해서는 비중산층이 가장 부정적이고, 자신이 행동함에 있어 집안의 체면을 생각해야 한다는 진술 등에 대해서도 비중산층의 지지율이 가장 높다. 사리에 맞지 않은 이야기라도 웃어른의 말씀이라면 따라야 한다는 진술에 대해서는 동의율이 낮고 계층간에도 차이를 보이고 있지 않다. 전체적으로 볼 때 사회의식에 있어서는 비중산층이 중산층보다 더 보수적이라고 볼 수 있다(표 6-12d).

8. 대외인식

마지막으로 중산층의 대외 개방성에 관해 알아보고자 한다. 서울대학교 사회발전연구소의 조사에 포함된 질문 중 이와 관련된 5개의 문항을 살펴보면 대부분의 질문에서 중산층이 비중산층보다는 더 개방적인 태도를 취하고 있다. 예컨대, 어릴 때부터 외국의 문물에 익숙하도록 해야 한다는 질문에 대해서 적극 찬성하며 국산품 애용에 대해서는 다소 소극적인 태도를 보이고 있다. 그러나 이러한 문항들은 연령대별로 큰 차이를 보이고 있다. 국제결혼이나 외국인 노동자를 용인하는 태도는 30대 이하와 40대 이상으로 나뉘는데 젊은층은 좀더 개방적이다. 외국기업의 한국 진출에 대해서는 그 반대로 30대 이하가 더 소극적이다. 외국기업의 한국 진출에 대해 40~50대보다는 20~30대가 더 소극적이라는 점은 흥미롭다. 이는 20~30대가 갖는 대외 자주의식의 표출일 수도 있고, 근자에 젊은층에 크게 확산되고 있는 부정적 대미관에 의해 영향을 받은 측면도 있을 수 있다. 한편 어릴 때부터 외국문물을 익히도록 하는 것이 좋다는 견해에 대해서는 30~40대가 더 개방적인 반면에 20대나 50대 이상은 소극적이다. 이는 30~40대의 자녀들이 주로 초 · 중 · 고교에 재학중이라 볼 수 있기 때문에 이들은 학부모로서 어떤 의미에서는 직접적인 당사자이다. 국산품 애용에 대해서는 50대 이상이 가장 크게 찬성하고 있다. 특히 비중산층에서 그러하다. 이 세대는 '국산품 애용'을 미덕으로 여겼던 사회적 분위기 속에서 성장기를 보냈기 때문이라 보이며, 연령이 낮아질수록 이에 대한 지지는 낮아지고 있다(표 6-13).

이와 같은 인식의 차이가 10~20년 후에 어떻게 변화할 것인가는 현재의 자료로 예측하기는 어렵지만, 본격적인 지구촌화 시대에 접어들면서 일부 계층이 갖는 대외인식의 폐쇄성은 지금보다 훨씬 완화될 것으로 보인다. 또한 중산층의 개방적 태도는 비중산층에서도 이를 수용

표 6-13a. 계층별 개방성 의견 (단위: 찬성 %)

의견	계층분류			χ^2 (df=2)
	중산층	주변적 중산층	비중산층	
어릴 때부터 외국이나 외국문물을 익히도록 하는 것이 좋다	58.0	53.7	40.3	23.78**
사랑한다면 다른 나라 사람하고 결혼해도 좋다	55.1	54.5	47.8	4.64+
외국인 노동자가 원한다면 한국에 살도록 허락해야 한다	54.8	52.2	46.4	5.08+
가능하면 더 많은 외국 기업이 한국에 진출하는 편이 좋다	53.7	44.4	47.7	4.99+
품질이 조금 떨어지더라도 국산품을 사야 한다	48.1	54.1	59.0	8.02*

주: + $p < .10$, *$p < .05$, **$p < .01$.
자료: 서울대 사발연 2003 조사.

표 6-13b. 연령별 개방성 의견 (단위: 찬성 %)

의견	계층분류				χ^2 (df=2)
	20대	30대	40대	50대 이상	
어릴 때부터 외국이나 외국문물을 익히도록 하는 것이 좋다	44.5	55.1	53.1	39.0	21.08**
사랑한다면 다른 나라 사람하고 결혼해도 좋다	68.4	60.5	46.9	43.7	47.45**
외국인 노동자가 원한다면 한국에 살도록 허락해야 한다	58.6	59.7	46.3	43.7	24.72**
가능하면 더 많은 외국 기업이 한국에 진출하는 편이 좋다	41.4	44.6	50.5	52.6	9.41*
품질이 조금 떨어지더라도 국산품을 사야 한다	31.6	42.6	52.1	70.0	94.48**

주: *$p < .05$, **$p < .01$.
자료: 서울대 사발연 2003 조사.

하면서 계층간 차이는 많이 좁혀질 것으로 추정해 볼 수 있다.

지금까지 단편적인 질문을 통하여 중산층의 사회·경제의식을 알아보려 하였다. 대북 및 통일관에 있어서는 비중산층이 중산층보다 더 보수적인 성향을 보여주었다. 노동조합의 활동 및 기타 사회의식과 관련해서도 비중산층이 더 보수적인 견해를 보였다. 또한 중산층은 비중산층에 비해 세계화나 국제화에 더 적극적이며 대외인식에 있어서도 더 개방적인 태도를 보여주었다. 경제 및 사회적 형평성과 관련된 쟁점에서는 반응이 엇갈려 나타났다. 각 진술에 대한 반응이 반드시 일관된 것은 아니지만, 대체로 비중산층이 중산층보다는 더 보수적인 성향을 보여주고 있음을 알 수 있었다. 그렇다면 중산층이 갖는 상대적 진보성은 어디에서 연유한 것일까? 앞의 〈표 6-9〉를 다시 보면 스스로 밝힌 이념성향에서 '진보적'이라고 밝힌 비율은 중산층이 31.6%로 주변적 중산층 24.4%, 비중산층 23.8%보다 다소 높았다. 통계적으로 유의하지는 않지만 중산층이 타 계층에 비해 보수의 비율이 다소 낮고 진보의 비율이 높음을 알 수 있었다. 이념성향은 교육수준과 연령에 따라 차이가 날 것이라고 가정해 볼 수 있다.

스스로 밝힌 주관적 이념성향을 교육 및 연령집단별로 살펴본다(표 6-14a, 표 6-14b). 먼저 교육수준별로 보면 각 계층 공히 학력이 높아질수록 진보의 비율이 높아진다. 연령별로는 모든 계층에서 연령이 높아질수록 진보의 비율이 낮아지고 있다. 단지 중산층 및 주변적 중산층에서는 20대보다 30대의 진보 비율이 조금 높기는 하지만 큰 차이는 아니다. 30대가 20대보다 더 진보적이라는 점은 별도의 논의를 필요로 하고 있다. 중산층이 비중산층보다 더 진보적이라는 발견은 중산층이 비중산층보다 교육수준이 더 높다는 점에서 일부 설명이 될 수 있으리라 본다. 동일한 교육수준에서는 비중산층이 중산층보다 더 진보적이다.

표 6-14a. 교육, 계층구분별 진보성향 비율 (단위: %)

계층구분	중졸 이하	고졸	대학 이상
중산층	-[1]	-	32.2
주변적 중산층	-	15.4	31.4
비중산층	18.2	24.4	37.7

주: 1) 사례수 10명 이하.
자료: 조사연구학회 2002 조사.

표 6-14b. 연령, 계층구분별 진보성향 비율 (단위: %)

계층구분	20대	30대	40대	50대 이상
중산층	33.3	35.3	29.2	19.0
주변적 중산층	28.0	32.9	15.9	13.5
비중산층	39.8	25.0	19.8	19.4

자료: 조사연구학회 2002 조사.

9. 소결

분석결과를 토대로 계층별 이념성향을 놓고 볼 때 중산층은 내적으로 매우 이질적이며 때로는 이중성마저 보여주고 있다고 할 수 있다. 중간계층 또는 그 이상의 계층이라고 생각하는 사람의 비율이 비중산층보다 중산층에서 월등히 높게 나타나면서도 사회적 쟁점에 대해서는 중산층이 상대적으로 더 진보적인 성향을 보여주었다. 물론 이와 같은 의식이 곧 이들의 행동으로 연결되지는 않는다. 중산층 스스로도 인지하고 있듯이 이들은 말과 생각으로는 비판적이고 진보적이지만 행동에서는 소극적이다. 우리는 앞에서 생산직 및 서비스직 근로자로 이루어진 근로계급(노동자계급)의 대다수가 중산층 귀속의식을 가지고 있으며 하류계층과 동일시한 근로계급은 상대적으로 소수에 불과하였음을 보았다. 중간계급과 근로계급은 계급적 지위는 달리하면서도 이들간 공유하고 있는 의식의 영역은 넓어져 가고 있음을 뜻한다. 이는 계급의 정체성과 계층의식이 엇갈리면서 '중산층의식'이 '노동자계급의식'을 희석시킬 수 있음을 시사한다. 중산층 귀속의식의 증가가 경제발전에 따른 전반적인 생활수준의 향상을 반영한 것이라면, 역으로 IMF 직후의 경제적 위기 상황에서 볼 수 있었듯이 이와 같은 의식은 매우 가변적이며 경제 상황의 악화에 따라서는 언제라도 변화할 수 있음을 간과해서는 안 될 것이다.

VII. 중산층의 생활양식

지난 40여 년간 우리 사회는 괄목할 만한 성장을 이루었다. 경제적 생산의 측면에서뿐만 아니라 국민생활의 거의 모든 부분에서 성장과 발전을 경험하였다. 그 결과 과거 소수의 선택된 계층에서만 향유되어 왔던 사회 · 문화적 기회는 점진적으로 보다 많은 수의 국민대중들에게 확산되었다. 그렇지만 제반 기회의 확산이 모든 계층에게 같은 정도로 파급되어 온 것은 아니며 일종의 파장의 형태로 전달되어 나갔다고 볼 수 있다. 이 과정에서 기회의 분배는 계층별로 달리 나타나서 경제적 자원을 확보할 수 있었던 계층은 물질적 풍요를 수월하게 수용할 수 있었으나 그렇지 못한 계층에게는 이의 흡수가 용이하지 못하여 계층간 격차는 소비 및 문화 생활에 있어 여전히 상존하고 있다.

지금까지 계층 및 계급 분야의 국내연구는 경제적 생산 및 기회의 배분에 주로 초점을 맞추어 소득과 부의 분배문제를 다루어 왔을 뿐, 그 결과로 나타나는 생활양식의 차이에 대한 연구는 소홀히한 감이 없지 않다. 소비와 생활양식의 차등화는 의식주를 포함한 일상생활의 거의 모든 기본적 영역에서 나타나고 있다. 이 장에서는 중산층의 생활양식을 소비, 주거, 가족, 여가생활 및 관련 생활의식을 중심으로 논의해 보고자 한다.

1. 소비생활

먼저 우리나라 전체 가계의 소비구조는 어떻게 변화하여 왔는지를 살펴보기로 한다. 기본적인 의식주 생활을 위한 지출의 비중은 지난 40년간 크게 줄었다. 그 대신 교육비, 교양오락비, 교통통신비의 비중은 크게 증가하였다(표 7-1). 근로자 가구에만 국한시켜 본다면 도시가계조사가 실시된 첫해인 1963년에 가계소비지출 중 식료품이 차지하는 비율은 61.0%에 달하였으나 2000년에는 27.4%로 크게 줄어들었다. 뿐만 아니라 식품의 내용도 크게 달라졌다. 1980~2000년간의 식품 공급량의 변화를 보면 식물성 식품은 1인 1일당 995그램에서 1,198그램으로 20% 정도 증가하였으나 육류 및 어패류를 포함한 동물성 식품은 171그램에서 347그램으로 100% 이상 증가하였다. 반면에 곡류는 363그램에서 257그램으로 오히려 30% 감소하였다(통계청, 2003: 302-303).

표 7-1. 도시근로자 가구의 월평균 소비지출 구성 (단위: %)

항목	1963	1970	1980	1990	2000
식료품(외식비)	61.0 (1.3)	46.6 (0.9)	43.2 (1.6)	32.2 (6.5)	27.4 (10.8)
주거비	2.7	2.2	4.5	4.7	3.5
광열 · 수도비	7.4	7.0	7.8	4.5	5.3
가구집기/가사용품	1.4	3.1	4.3	5.6	3.6
피복 · 신발비	5.7	11.6	9.8	8.2	5.6
보건의료	3.0	3.5	6.3	5.1	4.3
교육	5.6	7.6	6.3	8.4	11.2
교양오락비	0.6	2.1	1.8	4.7	5.2
교통통신	2.5	5.5	5.8	8.5	16.0
기타	10.3	10.7	10.1	18.2	17.8
계	100.0	100.0	100.0	100.0	100.0

출처: 통계청, 『도시가계연보』, 각 연도; 통계청, http://kosis.nso.go.kr 참조.

교통통신비의 증가는 자가용 승용차의 급속한 보급에 따른 것이다. 총소비지출 중에서 자가용 교통비의 점유비율이 1987년 이전만 하더라도 1% 미만이었으나 2000년에 이르러서는 8.2%까지 상승하였다. 또한 외식비가 차지하는 비중은 1980년대 초반 이전만 하더라도 2%에 미치지 못하였으나 2000년에는 10.8%로 급상승하였다.

이와 같은 소비지출 구성의 변화는 전반적인 경제 여건의 향상을 반영한 것이지만 그 변화의 양상은 계층별로 차이를 보여주고 있다. 상류층, 중산층, 비중산층으로 이어지면서 일종의 파장 형태를 나타내고 있다. 즉 초기에는 소수의 상류층만이 향유하던 소비양식이 중산층으로 파급되고 다시 비중산층으로 이어져 나가고 있는 것이다.

1975~2000년 기간에 식료품비 구성의 변화를 직업별로 살펴보면, 전 직업군에서 식료품비의 비중이 지속적으로 낮아져 2000년에 이르러서는 전 직업계층에서 30% 미만의 수준으로 떨어졌으며 입법자 · 고위임직원 · 관리자는 20%에 가까운 수준까지 낮아졌다(표 7-2). 전문 · 기술직 및 행정 · 관리직 종사자는 1980년에 이미 30% 수준으로 낮아졌고, 사무직 종사자는 1990년에 이 수준이 되었다. 계층간 시간의 차이는 있지만 서서히 같은 유형으로 변화하고 있음을 볼 수 있다.

앞에서 2000년도 기준으로 소비지출 중 가장 큰 부분은 외식비를 제외한 식료품비로 16.6%이지만 그 다음으로 높은 비율은 교통통신비 16.0%, 교육비 11.2% 그리고 외식비 10.8% 등의 순으로 나타났음을 보았다. 그러나 개별 가계에서 느끼는 부담은 품목별 · 계층별로 달리 나타나고 있다. 전체적으로 보면 전 계층 공히 교육비의 부담을 가장 크게 느끼고 있지만 특히 주변적 중산층이 가장 크게 느끼고 있는 것으로 보인다. 문화비, 의복구입비, 교통비 등에서는 중산층이, 그리고 세금, 주거비, 경조사비, 보건의료비에서는 비중산층이 더 부담을 느끼고 있음을 볼 수 있다(표 7-3). 즉 계층간 외형적 모습은 점차 유사해져 가고 있지만 그 내용에 있어서는 유의한 차이가 남아 있다는 점을 간과할

표 7-2. 직업별 월평균 소비지출 중 식료품비 구성 (도시근로자 가구) (단위: %)

<table>
<tr><th colspan="2">직업</th><th>1975[1]</th><th>1980</th><th>1990</th><th>2000</th></tr>
<tr><td rowspan="2">전문 · 기술직</td><td>전문가</td><td rowspan="2">38.9[2](0.9)</td><td rowspan="2">30.0 (1.8)</td><td rowspan="2">28.3 (7.1)</td><td>23.9 (10.2)</td></tr>
<tr><td>기술공 및 준전문가</td><td>25.9 (11.4)</td></tr>
<tr><td colspan="2">행정 · 관리직
(입법자, 고위임직원 및 관리자)</td><td>37.4 (1.1)</td><td>30.2 (2.8)</td><td>29.7 (8.4)</td><td>21.6 (10.6)</td></tr>
<tr><td colspan="2">사무직</td><td>41.0 (1.1)</td><td>33.4 (1.9)</td><td>30.3 (7.3)</td><td>27.1 (12.0)</td></tr>
<tr><td>판매직</td><td rowspan="2">서비스 및
시장판매 근로자</td><td>48.2 (0.4)</td><td>36.3 (1.3)</td><td>34.4 (8.0)</td><td rowspan="2">28.7 (13.0)</td></tr>
<tr><td>서비스직</td><td>46.5 (0.8)</td><td>37.6 (1.0)</td><td>35.5 (7.1)</td></tr>
<tr><td rowspan="3">생산직 등</td><td>기능관련 근로자</td><td rowspan="3">49.6 (0.7)</td><td rowspan="3">38.7 (1.3)</td><td rowspan="3">34.6 (6.7)</td><td>29.6 (11.9)</td></tr>
<tr><td>장치 및 기계조작원</td><td>28.6 (11.4)</td></tr>
<tr><td>단순노무직</td><td>29.9 (10.8)</td></tr>
</table>

주: 1) 1970년도 자료는 가용하지 않음.
2) 괄호 안은 외식비 비율.
출처: 통계청, 『도시가계연보』, 각 연도.

수 없다. 1999년도에 서울시민을 대상으로 조사한 함인희 외(2001: 101)의 연구는 외식문화의 경우 계층간 선호하는 음식점의 형태가 다르다고 보고한 바 있다. 즉 하층에 속하는 사람들의 다수가 저렴한 가격으로 온 식구가 배불리 먹을 수 있는 음식점을 선호한 반면, 상층 사람들은 고급스런 분위기의 음식점을 더 선호하였으며, 중산층은 그 중간 정도로 나타났다.

이제 상품의 구매행동은 계층별로 어떻게 다른가를 살펴보고자 한다. 가용한 자료가 구체적인 행동이 아닌 구매 태도와 관련된 것이므로 태도의 차이를 보는 정도에 그쳐야 할 것 같다. 우선 제품을 구매할 때에 제조회사의 이미지, 디자인, 광고나 유행 등을 어느 정도 중시하는가에 대한 것이다. 〈표 7-4〉에 나타난 결과를 보면 물건을 살 때 상품 제조회사의 이미지나 상품의 디자인을 중시한다는 의견이 중산층에서 더 높이 나타나고 있다. 광고나 유행을 중시하는 것도 통계적으로 유의

표 7-3. 계층별 가장 부담이 되는 지출항목 (단위: %)

항목	전체	중산층	주변적 중산층	비중산층
교육비	50.7	52.5	58.2	42.1
빚(상환금)	7.0	6.5	6.8	7.7
기타 세금	6.2	2.6	4.2	11.0
경조사비	5.9	3.1	6.6	7.5
주거비	5.6	3.9	4.8	7.7
식비	5.4	6.5	4.0	5.8
문화비	3.2	6.2	2.6	1.3
의복구입비	2.9	5.7	1.5	1.9
보건의료비	2.8	0.5	2.0	5.4
교통 · 차량유지비	2.6	4.4	1.5	2.3
외식비	1.6	2.1	1.5	1.3
기타	1.0	1.0	1.3	0.6
없 음	5.1	5.2	4.8	5.4
계	100.0	100.0	100.0	100.0

자료: 서울시정연 2002 조사.

하지는 않지만 중산층의 비율이 더 높다. 디자인이나 광고나 유행을 중시하는 비율은 20대에서 가장 높게 나타나고 있고, 제조회사의 이미지의 중요성과 관련해서는 연령별로 큰 차이가 없다(표 7-5).

저축과 관련된 소비태도를 보면 힘들게 저축하기보다 사고 싶은 것은 산다는 태도를 보인 사람은 중산층이 비중산층보다 더 높다. 특히 연령별로 보면 20대가 40~50대에 비해 훨씬 높고 30대는 그 중간 정도를 보인다. 이를 다시 계층과 연령별로 나누어 살펴보면 연령별 격차는 특히 중산층에서 두드러지고 있다. 40~50대의 비중산층은 절대다수가 저축보다 사고 싶은 것을 산다는 태도에 대해 매우 소극적이지만 20대 중산층에서는 그 반대의 태도를 보인 사람의 비율이 높은 편이다(표 7-6). 연령집단별 계층 차이를 보면 20대에서 계층간 격차가 가장 크게 나타나고 있으며 그 차이는 통계적으로도 유의하다. 이와 같은 조사결

표 7-4. 계층별 소비에 대한 의견 (단위: 찬성 %)

의견	계층분류			χ^2 (df=2)
	중산층	주변적 중산층	비중산층	
물건을 살 때 그 상품을 만든 회사의 이미지가 중요하다	59.0	51.8	45.1	14.92**
물건을 살 때 그 상품의 품질보다 디자인이 중요하다	21.8	15.3	15.2	7.29*
물건을 살 때 광고나 유행을 중시한다	22.3	18.6	16.9	3.83

주: *p < .05, **p < .01.
자료: 서울대 사발연 2003 조사.

표 7-5. 연령별 소비에 대한 의견 (단위: 찬성 %)

의견	연령집단				χ^2 (df=2)
	20대	30대	40대	50대 이상	
물건을 살 때 그 상품을 만든 회사의 이미지가 중요하다	50.6	49.5	53.1	53.9	1.56
물건을 살 때 그 상품의 품질보다 디자인이 중요하다	23.6	19.3	12.6	15.2	13.79**
물건을 살 때 광고나 유행을 중시한다	25.9	20.3	14.3	18.0	12.78**

주: **p < .01.
자료: 서울대 사발연 2003 조사.

과는 계층별 격차가 연령집단별로 다르며 이는 중산층의 성격을 규명하는 데 있어 중요하게 고려해야 할 점으로 보인다.

2. 주거생활

산업사회에서 사회집단간 갈등은 반드시 자본가와 노동자 사이에서만

표 7-6. "힘들게 저축하기보다 사고 싶은 것은 산다"에 대한 계층 · 연령별 찬성률

(단위: %)

계층	20대	30대	40대	50대 이상	χ^2 (df=3)
중산층	30.1	14.4	7.6	10.9	21.46**
주변적 중산층	17.2	10.8	12.2	8.8	2.87
비중산층	10.9	17.3	3.8	8.5	10.92*
전체 (N)	20.7 (241)	14.1 (297)	7.6 (304)	9.1 (276)	
χ^2 (df=2)	8.90*	1.78	4.57	0.29	

주: *p < .05, **p < .01.
자료: 서울대 사발연 2003 조사.

발생하는 것은 아니다. 주거공간, 즉 주택을 확보하기 위한 노력이 이해관계를 달리하는 다른 집단과 상충되어 상호 갈등관계에 놓이게 될 때에 주택은 계층 또는 계급 구분의 중요한 기준을 이루게 된다(Saunders, 1984). 그 중에서도 주택의 보유 여부는 집단구분의 중요한 요소가 되고 있다. 주택 소유 여부를 보면 1975년에 전국의 가구 중 자가 소유 비율은 63.6%였으나 그후 지속적으로 감소하여 15년 후인 1990년에는 49.9%까지 감소하였다. 그러나 1990년대 들어서 다소 상승하여 2000년에는 54.2%로 증가하였다. 도시지역만을 보면 그 비율은 더 낮아서 1975년 44.8%에서 1990년에는 40.5%로 줄었다가, 그 이후에는 점차 증가하여 2000년에는 49.0% 수준까지 상승하였다(통계청, 2003: 321). 이는 수도권 택지개발 및 신도시 건설 등의 영향 때문인 것으로 보인다. 그러나 아직 2가구 중 1가구는 주택을 소유하고 있지 못한 실정이다. 직업적 지위나 교육적 성취와 관계없이 주택 소유는 사회적 지위를 결정함에 있어 매우 중요한 요소로 등장하고 있다(홍두승 · 김미희, 1988). 직업 및 교육수준이 동일하더라도 주택 소유 여부에 따라 삶의 질이 달라지고 있다고 볼 수 있다.

주택형태로서 아파트는 1970~2000년간 30년 동안 급격히 증가하였

다. 전국적으로 보면 1970년에는 전체 주택의 0.7%에 불과하였으나 2000년에는 36.8%로 늘어났다. 도시지역만을 보면 2000년에 41.9%로 단독주택 44.0% 수준에 육박하였으며 이런 추세라면 곧 단독주택의 비율을 초과할 것으로 보인다. 도시지역뿐만 아니라 읍·면지역에서도 아파트의 비율은 크게 늘어나고 있다. 1990년에는 3.0%에 불과하였으나 10년 후인 2000년에는 18.3%가 되어 증가속도는 도시지역을 앞지르고 있다. 한편 도시지역에서 연립 및 다세대 주택의 비율은 완만하게 증가하였다. 1990년에 7.8%였던 것이 1995년에는 10.1%로 증가하였으나, 2000년에는 10.2%가 되어 증가율은 거의 정체되었다(통계청, 2003: 320).

2002년 서울시정개발연구원이 조사한 자료를 보면 주택의 형태에서 중산층에서는 아파트가, 그리고 비중산층에서 연립주택이 가장 높은 비율을 보이고 있다(표 7-7). 또한 중산층은 비중산층에 비해 자가 소유 비율이 높고(표 7-8), 점유하고 있는 주택의 면적도 크다(표 7-9). 중산층 범위 획정시에 이미 주택의 소유 여부와 규모가 고려되었기 때문에 중산층의 주거환경이 비중산층에 보다 양호하다는 것은 새삼스러운 발견이 아니다.

〈표 7-7〉을 통해 중산층 중심의 아파트 문화가 전 계층으로 확산되어 가고 있음을 볼 수 있다. 이제는 아파트나 단독주택의 구분보다는 주거입지와 주택규모에 의해 계층적 위치가 결정되고 있는 것이다.

중산층주택의 경우 동일한 평수의 아파트라도 이것이 큰 평수로 이루어진 아파트단지에 있는가 아니면 작은 평수로 이루어진 단지에 있는가에 따라 선호도가 달라지며 따라서 거래가격에도 차이가 있다. 거주지에 대한 일반적인 인상은 거주자의 직업구성, 소득 및 학력 수준에 의해 결정되는 수가 많다. 중산층은 비중산층과 섞여 있는 것보다는 동질적인 이웃을 더 선호하며 생활의 과정속에서 동질성을 지향하고 있다. 이들은 스스로의 재산권 보호를 위하여 거주지를 중심으로 결속하

표 7-7. 계층별 주택형태, 2002, 서울 (단위: %)

주택형태	중산층	주변적 중산층	비중산층
아파트	52.2	35.2	23.3
단독주택	25.3	29.9	29.8
연립주택1)	22.2	33.8	44.4
기타	0.3	1.1	2.5
계 (N)	100.0 (387)	100.0 (455)	100.0 (480)

주: 1) 다세대 · 다가구주택 · 빌라 포함. 단 고급빌라(40평 이상)는 아파트에 포함.
자료: 서울시정연 2002 조사.

표 7-8. 계층별 소유현황, 2002, 서울 (단위: %)

소유 여부	중산층	주변적 중산층	비중산층
자가	71.3	62.4	45.0
전세	26.4	32.5	43.5
전월세/월세	2.3	5.1	11.5
계 (N)	100.0 (387)	100.0 (455)	100.0 (480)

자료: 서울시정연 2002 조사.

표 7-9. 계층별 주택의 규모, 2002, 서울 (단위: %)

규모	중산층	주변적 중산층	비중산층
19평 이하	10.1	23.3	41.0
20~29평	36.4	42.0	38.7
30~39평	39.5	24.7	14.7
40평 이상	14.0	10.0	5.7
계 (N)	100.0 (385)	100.0 (450)	100.0 (476)

자료: 서울시정연 2002 조사.

고 있다. 일부 중산층 아파트지역에서는 아파트부녀회에서 일정가격 이하로는 아파트를 팔지 말도록 담합함으로써 부동산중개업자들에 의해 크게 좌우되고 있는 주택가격 형성을 견제하는 역할을 하기도 하였다.[1] 이러한 도시지역 아파트 주민의 집단적 움직임은 시위행동으로까지 발전되어 나타나기도 한다. 도시빈민이나 무허가정착지 주민들이 보여주는 생존을 위한 저항과는 달리 도시중산층의 거주권리주장은 생활환경 및 재산권의 보호를 내세우며 이들이 누려온 삶을 침해받지 않으려는 지위보호를 위한 투쟁이라고도 볼 수 있다. 지난 20년간 재산권 보호를 위해 도시 중산층이 보여준 집단행동의 대표적 사례를 살펴보기로 한다.

사례 1 1986년도에 대한항공이 서울 여의도에 호텔을 신축하고자 부지를 확보하고 공사를 진행시켰으나 인근 지역 아파트 주민들이 호텔 신축 저지를 위한 대책위원회를 결성하고 반대하기에 이르러 결국 신축을 포기하였다. 주민들은 호텔이 들어서면 자녀교육환경이 나빠지고, 차량소음으로 인해 주거분위기가 침해되며 주택가격 하락 등으로 재산권에 피해가 발생하게 된다는 주장을 전개하였다. 한 달 남짓한 기간 동안 반대시위를 벌이고 관계요로에 진정서를 제출함으로써 대한항공측은 주민들의 요구를 받아들여 호텔 신축계획안을 백지화하기에 이르렀다.[2]

사례 2 1991년 10월 인천시 북구 산곡동 한 아파트 단지의 주민들은 건축 시공회사가 건축법상 고도 및 거리 제한을 지키지 않아 일조량 부족으로 인한 생활불편과 아파트가격 하락으로 재산권을 침해받았다며 시공회사와 감독관청을 상대로 정신적, 물질적 손해배상 청구소송을 법원에 제출하였다. 주민들은 소장에서 일조량 부족으로 겨울철에는 광열비, 전기료 등이 더 들어 이중의 피해가 있다고 주장하였다. 이에 앞서 주민들은 건축주측이 주민들의 요구를 무시하며 2단지 아파트에 입주를 강행하자 주민대표자회의를 구성, 관할 구청에 준공검사 보류 요청 등 민원을 제기한 바 있다. 해당 회사측은 그 동안 주민대표들과 배상금액을 협의하였으나 요구 액수가 너무 커 타결되지 않고 있다고 주장하였다.[3]

사례 3 2002년 서울 성동구 옥수동 한강변의 어느 아파트 주민들은 아파트 단지 앞에 세워질 또 다른 아파트의 건설을 반대하는 민원을 해당 구청에 제기하였었다. 15층 규모의 새로운 아파트가 세워지면 한강 조망권이 사라지고 일조

---

1. 「아파트에 사는 30대주부 풍속도」, 『가정조선』, 1986년 12월호, pp.124-49.

2. 「여의도 KAL호텔 신축계획 백지화」, 『현대주택』, 1986년 11월호, p.78.

3. 조선일보, 1991년 11월 2일자.

권도 침해받게 된다는 이유에서였다. 특히 한강을 볼 수 없다는 점은 아파트 매매가와도 직결되어 있다. 건축주는 아파트 건설에 법적인 잘못은 없기 때문에 공사를 강행하겠다는 의사를 밝혔으며 이로 인해 주민 대표와 건설회사간에 갈등이 계속되자 그해 7월 구청의 건축분쟁조정위원회가 중재에 나섰다.[4]

사례 4 2003년 4월 경기도 고양시 일산구 마두동 어느 동네 빈터에 성당 공사가 시작되면서 인접 아파트 주민들의 민원이 제기되었다. 주민들은 대책위원회를 구성하고 정발산 조망권과 일조권을 침해한다며 성당을 아파트 높이에 맞추고 놀이터와 성당간 간격을 넓혀 줄 것을 요구하였다. 성당측은 성당의 필수 시설을 갖추기 위해서는 건물의 높이를 더 이상 낮추기 힘들다는 견해를 밝혀 주민과 성당간에 갈등이 발생하였다.[5]

사례 5 2004년 6월 입주하기 시작한 부산 사하구 하단동의 한 아파트 단지 앞에 1만평 규모의 대형 고층상가 공사가 착공되면서 아파트 주민들이 민원을 제기하였다. 주민들은 분양 당시에는 5층 이하 상가만 지을 수 있었던 준공업 지역을 나중에 상업지역으로 변경하여 고층 상가를 지을 수 있도록 허가한 것은 건축주에 대한 구청측의 특혜라고 주장하며 반대하였다. 상가들이 아파트 앞을 가려 일조권과 조망권을 방해하고 있을 뿐만 아니라 아파트 베란다 쪽을 보고 있어 주민들의 사생활을 침해하고 있다는 것이다. 주민들은 비상대책위원회를 결성하고 공사 현장에 들어오는 레미콘 트럭을 포함한 공사장비를 막는 등 공사 반대운동에 들어갔다.[6]

사례 6 정부는 재건축개발이익 환수를 위해 재건축 아파트 건설시 임대아파트 건립을 의무화하는 내용을 담은 '도시및주거환경정비법' 개정안을 2004년 10월 국무회의에서 통과시켰다. 개정안이 국회에서 심의, 의결되면 이 제도는 2005년 4월부터 시행된다. 이 계획이 발표되자 수도권 재건축조합의 모임인 바른재건축실천전국연합을 중심으로 재건축조합들이 크게 반발하기 시작하였다.[7] 이들은 재건축악법저지투쟁위원회를 결성하고 재건축임대주택 강제건립계획에 조직적으로 대응하고 있다. 이들의 주장에 따르면, 용적률 증가분의 25%를 임대주택 부지로 제공할 경우 경제성이 없으며 따라서 이 계획은 명백히

4. 동아일보, 2002년 7월 26일자.
5. 한겨레신문, 2003년 7월 29일자.
6. 조선일보, 2004년 10월 27일자.
7. 한국경제신문, 2004년 10월 27일자.

사유재산권 침해라는 것이다. 이들은 이 법의 철폐를 위해 시위를 벌이거나 정책토론회를 개최하는 등 강하게 저항하고 있으며 이 법이 철폐되지 않으면 재건축 포기를 선언하겠다고 주장하고 있다.[8]

이상의 사례들은 도시중산층이 자신들의 경제적 · 사회적 지위 보호를 위해서는 언제라도 결속과 응집이 가능한 것임을 보여주고 있다(홍두승 · 김미희, 1988: 518-21 참조). 이들은 여기서 더 나아가 동질성 유지를 위해 타 계층에 대한 배제전략도 구사하고 있다. '한 단지 두 출입구'와 같은 계층간 분리현상이 대표적인 예이다. 일반분양 아파트와 임대아파트가 인접해 있을 때 일반분양 아파트 거주자들은 담이나 철조망 등을 이용하여 임대아파트와의 교류를 물리적으로 차단하는 경우가 많으며, 이로 인해 임대아파트 거주 초등학생들은 단지를 우회하여 등교해야 하기도 한다.

계층간 혼재가 바람직스러운가에 대해서는 여러 가지 견해가 있을 수 있다. 다양한 계층이 더불어 사는 '사회적 혼재'는 "부동산가격 하락 등을 우려하는 기득권층과 상대적 박탈감이 커질 것이라는 소외계층의 현실적 주장에 막혀 공론화되지 못하고 있다"는 국내 한 일간지의 최근 기획기사도 있었다.[9] 박현정 · 홍두승(1993: 126)은 대단위 집합주거에 대한 연구에서 "같은 아파트 단지내에 규모가 크게 차이나는 아파트를 함께 배치하여 사회계층적으로 이질적인 사람들이 매일 교류하면서 함께 살아가도록 하는 단지내 혼재방식은 쾌적한 사회심리적 환경조성의 측면에서는 그다지 바람직한 단지 구성방법이 아니다"는 정책적 시사점을 제시한 바 있다. 계층간 거주지 혼재 여부에 대한 정책대안은 일단 논외로 하고, 여기서는 계층이해관계를 둘러싼 중산층의 내적 결속이 중산층의 한 단면을 보여준다는 점을 강조해두고자

8. 내일신문, 2004년 11월 4일자.
9. 서울신문, 2004년 12월 1일자.

한다.

3. 가정설비 및 문화품목

가정에서 보유하고 있는 가전제품 및 문화품목을 보면 1960년대 초반에는 냉장고, 피아노, 자가용 등은 상류층 품목으로, 카메라, 전축(오디오), TV, 전화 등은 중산층 품목으로 간주되었다(노창섭, 1963, 1964). 1960년대 후반에 이르면 중산층이 냉장고를 보유하기 시작하였고, 1980년대에 들어서는 전 계층이 칼라 TV를 갖게 되었으며, 자가용 보유도 급속히 확산되어 나갔다. 2000년대에 들어서서는 중산층 가구는 90% 가까이가 개인용 차량을 소유하고 있고 비중산층도 반수 정도가 소유하게 되었다(표 7-10).

우리나라 전체의 자가용 승용차 등록현황을 보면 1980년에는 17만 9천대로 가구당 0.02대에 불과하였으나 10년 후인 1990년에는 190만 2천대로 가구당 0.17대로 증가하였고, 또 다시 10년 후인 2000년도에

표 7-10. 계층별 문화품목 소유비율의 변화, 1962~2002 (단위: %)

품목	1962~63		1967~68	1970	1980	1987		2002	
	고급주택 지역(서울)	서민지역 (서울)	중산층 (서울)	전 계층 (서울)	전 계층 (서울)	중산층 (도시)	생산직 (도시)	중산층[1] (서울)	비중산층 (서울)
전화	39	4	53	11	36	99	72	99[2]	95
냉장고	17	1	30	7	61	99	91	-	-
TV	31	-	57	22	94	98	89	-	-
카메라	46	11	55	-	-	92	53	-	-
오디오	40	8	50	20	-	68	40	-	
피아노	11	1	12	3	9	50	2	-	-
자가용	7	-	1	-	-	40	-	87	50

주: 1) 주변적 중산층 제외.
2) 이동전화 보유 가구 비율.
출처: 홍두승 · 김미희(1988: 27); 서울시정연 2002 조사.

는 779만 8천대로 가구당 0.54대에 이르러 그후 이 수치는 지속적으로 증가하고 있다. 등록 자가용 승용차 속에는 가정용뿐만 아니라 법인 소유의 차량도 포함되어 있어 가구당 차량수가 다소 높게 나타나고는 있지만 1980년 이후 20여 년간 자가용 승용차의 급격한 증가를 알 수 있다. 이제 전국 기준으로도 2가구 중 1가구는 승용차를 소유할 수 있게 된 셈이다. 이는 1980년대 초만 하더라도 소수의 계층에서만 보유하였던 것이 1990년대를 거치면서 점차 대중화되었다(통계청, 2003: 346). 이제 자가용 승용차를 소유하고 있는가의 여부가 기준이 되는 것이 아니라, 어떤 차량을 보유하고 있으며 또한 어느 정도 크기의 차량을 보유하고 있는가, 그리고 가구당 보유하고 있는 차량의 수가 얼마나 되는가에 따라 계층적 지위는 달리 판별되고 있다. 2002년도 서울시정개발연구원 조사자료에 따르면, 자가용 2대 이상 보유한 가구의 비율은 중산층이 10.1%, 주변적 중산층이 3.5%, 그리고 비중산층이 2.9%로 나타났다. 이처럼 과거 일부 계층에서만 누려왔던 기기와 시설들이 사회발전과 더불어 전 계층으로 급속히 확산되고 있다는 점에 주목해야 한다.

지금은 대부분의 가정에서 보편적으로 사용하고 있는 냉장고와 세탁기와 같은 가전제품도 1970년 초반까지만 하더라도 매우 귀한 품목이었다. 1970~90년 기간 중에 이들 제품이 어떻게 보급되어 왔는지를 그림을 통해 살펴본다. 1995년 인구주택총조사부터는 이와 같은 문화시설 소유 여부에 관한 문항이 삭제됨으로써 이에 관한 공식통계가 가용하지 않다. 그 대신 2000년 조사부터는 정보통신 기기 및 자동차 보유에 관한 항목을 신설하여 시대적 변화추세를 반영하고 있다. 계층별 소유 비율의 변화양상은 도시 및 농촌 구분에 따른 분포를 통해 유추해 보고자 한다. 먼저 냉장고의 경우 1970년에는 도시와 농촌 모두 극소수의 가구만이 소유하고 있었다(그림 7-1). 그러나 그후 20년 동안 급속히 보급되어 1990년에는 전국적으로 90% 이상의 가구가 소유하게 됨으로써 냉장고 소유 여부에 따른 계층간 격차는 소멸되었다고 볼 수

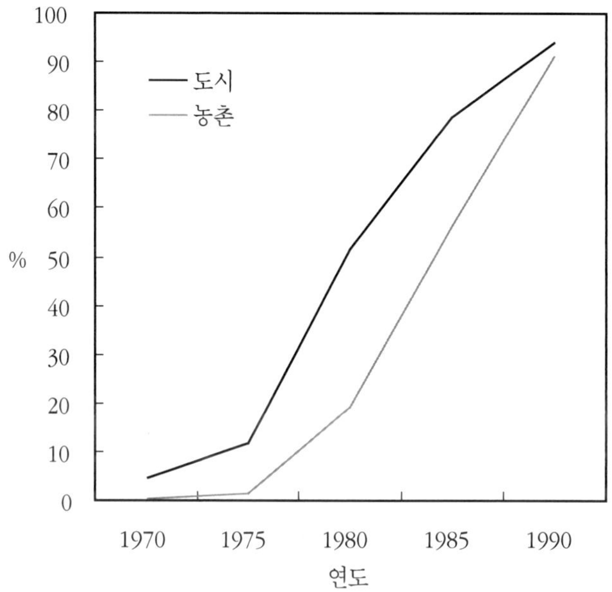

그림 7-1. 냉장고 소유 가구 비율

출처: 통계청, 〈인구주택총조사〉, 각 연도.

있다. 이 기간 중 도시지역에 더 빨리 보급되었고 농촌지역은 일정 시차를 두고 뒤따라와 1990년에 이르러 더 이상의 격차를 보이지 않게 된 것이다. 세탁기도 유사한 변화양상을 보인다(그림 7-2). 1970년에는 도시 및 농촌 지역 모두 세탁기를 소유한 가구가 없었고 이때는 세탁기에 대한 개념조차 없었던 시기였다. 그러나 도시지역에 세탁기가 급속히 보급되어 1990년에 이르러서는 전 도시가구의 72%가 세탁기를 소유하게 된 반면에 농촌지역에서는 소유가구의 비율이 42% 수준에 머물러 도시와 농촌의 격차는 크게 벌어지게 되었다. 1990년 이후 10여년이 흐르는 동안 전국적으로 세탁기의 보급은 더욱 촉진되었으며, 따라서 도시와 농촌간의 차이가 크게 줄어들었을 것이라고 추정하더라도 큰 무리가 없을 듯하다. 이 두 그림은 문화품목이 일정 시차를 두고 계층

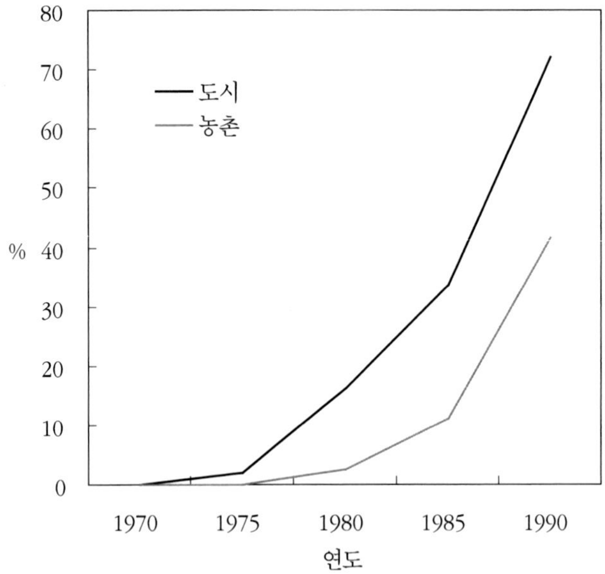

그림 7-2. 세탁기 소유 가구 비율

출처: 통계청, 〈인구주택총조사〉, 각 연도.

별로 파장을 이루며 확산되고 있고, 그 결과 계층간 공유되는 부분이 점차 확대되어 감을 시사하고 있다.

4. 정보화 정도

생활기회와 생활양식을 결정함에 있어 정보기기의 보유를 포함하여 정보매체에 대한 접근성은 매우 중요하다. 그러나 이러한 접근성은 사회의 제 집단간 동일하게 배분되어 있지 않다. 특히 계층은 정보 격차를 야기시키는 중요한 변수 중의 하나로 지적되어 왔다(권태환 · 조형제, 1997; 배규한, 1999; 김문조 · 김종길, 2002). 지금까지 정보화와 사회 불평등의 관계에 대해서는 두 가지 상반된 견해가 제시되어 왔다. 즉 정보기기의 보급 및 정보기술의 확산은 계층간 불평등을 축소시킬 것이라는 견해가 있는가 하면, 반대로 정보화 과정을 통해 계층간 정보 격차는 더욱 확대될 것이라는 견해도 대두되고 있다. 이에 정보화의 상대적 수혜계층인 중산층의 정보매체 접근성을 비중산층과 비교해 살펴보고자 한다. 정보기기 중 이동전화 및 컴퓨터 보유, 인터넷 연결, 초고속통신망 설치 여부 등을 알아본다.

먼저 이동전화가입자 총수를 살펴보면 1990년에는 8만 명 정도로 가구당 0.01대에도 미치지 못하였으나, 1995년에는 164만 명(가구당 0.13대)으로 증가하였다. 그후 5년간 급속히 늘어나 2000년에는 2,754만 명(가구당 1.92대)으로 증가하였고 2002년에는 3,252만 명으로 더욱 늘었다. 인터넷 접속 및 관리서비스 가입자 수는 1995년에 76만 6천 명이던 것이 2000년에는 3,568만 7천 명으로 늘어났고 2002년에는 3,994만 명으로 증가하였다. 초고속망서비스 가입자는 1995년에 전국적으로 4천여 명에 불과하였으나 2000년에는 430만 명으로 증가하였고 2002년에는 1천만 명을 넘어서게 되었다(한국정보통신산업협회, 2003).

정보통신기기의 보유상태를 계층별로 살펴보면, 이동전화는 전 계층에 걸쳐 극소수의 가구를 제외하고는 모든 가구에 보유자가 1명 이상 있다(표 7-11). 그러나 개인당 소유 비율에 있어서는 계층간 다소의 차이를 보인다. 즉 미성년 자녀를 포함하여 가구원당 이동전화기 수는 전 계층 공히 2인당 1대가 넘으며, 중산층은 3명당 2대꼴이다. 가정용 컴퓨터는 중산층은 대다수가 보유하고 있는 반면에 비중산층은 7할 정도만이 보유하고 있는 것으로 나타났다. 가정에 컴퓨터, 인터넷, 초고속통신망의 설치 여부를 보면 계층간 차이가 뚜렷하다. 특히 주변적 중산층을 포함한 중산층과 비중산층간의 격차가 명료하게 나타난다. 이는 경제적 자원의 가용성 여부와 무관하지 않아 보인다. 이 자료를 통하여 정보화의 정도가 계층별로 다르다는 지금까지의 연구결과와 일치하고 있음을 알 수 있다. 이 자료는 서울시민을 대상으로 한 것이기

표 7-11. 계층별 정보 · 통신기기 및 승용차 보유비율 (단위: %)

종류	계층분류			χ^2 (df = 2)
	중산층	주변적 중산층	비중산층	
이동전화 보유[1)]	99.2 (0.64)	99.3 (0.59)	95.2 (0.55)	23.72**
컴퓨터 보유	97.9	90.1	71.3	135.07**
인터넷 연결	94.8	84.2	62.5	146.64**
초고속통신망 설치	91.5	79.8	58.3	134.04**
N	387	455	480	

주: **$p < .01$.

1) 가구원 중 단 1명이라도 이동전화를 보유하고 있는 경우임. 괄호 안의 수치는 가구원 1인당 이동전화 보유수.

자료: 서울시정연 2002 조사.

때문에 전국적으로 본다면 그 격차는 이 표에서 보는 것보다 훨씬 더 크다고 볼 수 있다. 그러나 여기서 유의할 사항은 이와 같은 정보통신기기들이 매우 빠른 속도로 보급되고 있기 때문에 계층간 격차 역시 곧 크게 감소될 것이라는 점이다. 계층간 정보 불평등을 해소시키기 위한 노력은 정책적 차원에서도 추진되고 있다.

5. 가족생활

비중산층에 비해 중산층이 누리고 있는 경제적 풍요는 가족생활에서도 계층별 차이를 보여준다. 무엇보다도 가족단위 모임의 횟수가 더 빈번함을 볼 수 있다. "정기적으로 함께 식사한다"는 항목의 경우 외부에 나가 함께 식사를 한다는 것과 집안내에서 정해진 시간에 식사를 같이 한다는 것 모두를 포괄하고 있지만, 가족간 교류가 원활하게 이루어지고 있는 것을 파악할 수 있는 지표로서 그 의미를 지니고 있는 것으로 보인다. 이러한 점을 감안해서 볼 때 가족이 정기적으로 식사를 한다거나 가족모임을 갖는 것은 중산층에서 더 빈번히 행해지고 있다. 특히 가까운 친지들과 가족모임을 갖는 빈도는 비중산층보다 중산층에서 훨씬 높게 나타나고 있다.

물건을 사거나 여가를 즐길 때 자녀 위주로 결정한다는 비율도 중산층에서 더 높게 나타나고 있다. 한편 자녀들의 교육을 위해서는 부모가 희생을 감수하는 편이라는 점에 대해서는 전 계층 모두 높은 비율을 보여줌으로써 우리 사회에서 자녀교육에 대한 부모들의 보편적 가치를 반영한다고 볼 수 있다. 우리나라에서 자녀들의 교육을 위해 부모들이 치르는 희생은 새삼 거론할 필요조차 없다. 자녀들의 교육비는 모든 계층에서 가장 부담스러워하는 가계지출 부분이었다. 자녀의 교육을 위해서는 가족생활의 기본적인 틀마저 유보하고 있으며 이러한 현상은 특히 중산층에서 두드러지게 나타나고 있다. 자녀의 교육을 위해 외국으로 아내와 자녀를 보내고 혼자 기거하고 있는 소위 '기러기 아빠'의 존재는 자녀교육을 위한 가족 희생의 대표적인 사례이다.

이와 같은 경향은 1990년대까지만 하더라도 의사, 변호사, 대학교수, 대기업 임원 등 고위전문 · 관리직 종사자 등 극히 제한된 일부 계층에서만 볼 수 있었으나 지금은 자영업주 및 중간층의 봉급생활자에 이르기까지 그 층이 넓어졌으며 부모의 연령층도 40~50대에서 30대에 이르기까지 확대되었다.[10] 2002년도에 한 여론조사 기관이 20세 이상 성인을 대상으로 실시한 조사결과에 따르면 응답자의 37%가 자녀교육을 위해서는 기러기 아빠가 될 용의가 있다고 밝혔다. 기러기 아빠 생활을 하고 있는 어느 대기업의 중견간부는 중학교 2학년생인 아들을 엄마와 함께 유학을 보내게 된 동기를 다음과 같이 표현하였다. "…솔직히 제가 영어에 한이 맺혀서 그래요. 요즘 어지간한 대기업에선 영어로 회의

10. 「신유학시대: 30대 중산층까지…여기저기 기러기아빠」, 한국일보, 2003년 7월 8일자 특집.

를 하고 인터넷도 영어 모르면 활용이 안 되잖아요. …제 아들만큼은 영어를 유창하게 해서 세계 어디서나 먹고 살게 만들어 주려고요. 제 한몸 희생하면 아들 대엔 빛을 보겠죠. …"[11]

이들은 국내에서의 입시경쟁과 사교육비를 생각하면 그 가치가 있다고 하면서도 해외에서의 교육과 생활을 위해 기러기 아빠들은 경제적으로 큰 부담을 안고 있다. 또 다른 한 기러기 아빠는 어느 시사주간지와의 인터뷰에서 "자식을 위해서라면 기꺼이 봉사하고 희생할 수 있다는 생각으로 시작했지만, 처음 3개월 동안은 정말 힘들었다. …그런데 그런 심리적인 것보다 재정적 문제에 대한 부담이 더 크다. …지금 생활의 어려움을 따지자면 재정적인 면이 70%, 심리적인 면이 30% 정도인 것 같다. …월급의 80% 정도를 송금하는데, 쉽지 않은 일이다. …"라고 토로하였다.[12] 물론 자녀교육을 위한 가족이산이 아직은 소수에 국한된 일일 수 있으나 자녀의 미래를 위해 부모는 기꺼이 희생할 수 있다는 의식이 강하게 남아 있는 한 '기러기 가족' 현상은 지속적인 사회문제로 남아 있게 될 것이다.

이제 가족생활 중 부부관계에 초점을 맞추어 보면 부부간 원활한 의사소통은 중산층에서 더 높게 나타난다. 배우자에게 자신의 감정을 솔직히 표현할 수 있다거나 부부간 생활방식에서 공통의 가치관을 가지고 있다고 생각하는 사람의 비율은 비중산층에 비해 중산층이 더 높다. 그러나 중산층과 비중산층간에 통계적으로 유의한 차이가 있지만 비중산층 역시 그 비율이 높은 편이라는 점에 유의할 필요가 있다. 전반적으로 보아 가족지향적인 가치관이 중산층에서 더 강하게 표출되고 있지만 비중산층의 비율도 결코 낮지 않다. 이는 우리 사회에서 가족중심의 의식이 높아지고 핵가족 중심의 생활양식이 보편화되어 가고

---

11. 「진단 2003 한국: 기러기아빠 시대(하)」, 경향신문, 2003년 10월 28일자에서 재인용.
12. 「특집: 기러기 가족 … 자식 미래에 저당잡힌 부모인생」, *The Weekly Economist*, 2002년 10월 7일자.

표 7-12. 계층별 가족생활에 대한 의견 (단위: 찬성 %)

종류	계층분류				χ^2 (df = 2)
	중산층	주변적 중산층	비중산층	N	
우리 가족은 정기적으로 함께 식사한다	76.5	70.1	60.5	1,321	26.04**
우리 가족은 친척이나 친구들과 가족모임을 자주 갖는다	67.6	67.3	49.9	1,320	39.43**
우리 집은 물건을 사거나 여가를 즐길 때 자녀들 위주로 결정하는 편이다 (자녀 있는 경우)	82.4	74.1	68.4	970	13.94**
우리 집은 자녀들의 교육을 위해서는 부모가 희생을 감수하는 편이다 (자녀 있는 경우)	85.4	83.6	77.4	968	7.44*
배우자에게 내가 좋아하거나 싫어하는 것을 솔직히 표현할 수 있다 (기혼자)	82.9	78.1	73.6	1,008	7.41*
우리 부부는 생활 방식에서 공통된 가치관을 갖고 있다 (기혼자)	85.1	80.7	73.6	1,004	12.83**

주: *$p < .05$, **$p < .01$.
자료: 서울시정연 2002 조사.

있음을 반영하는 것이며, 이러한 면에서 본다면 비중산층도 점진적으로 중산층에 근접해 가고 있다고 할 수 있다(표 7-12).

6. 여가생활

우리는 앞서 도시근로자 가구의 소비지출 구성에서 교양오락비가 차지하고 있는 비율이 1960년대 이래로 크게 증가하였음을 보았다. 1960년대 초반 월평균 소비지출의 1%에도 못 미쳤던 것이 1990년대에 들어서면서 5%를 상회하게 되었다. IMF 사태 이후 다소 감소하여 지난 몇 년간은 5% 수준에 조금 못미치고 있지만 전반적인 생활수준의 향상에 따라 여가생활의 중요성이 증대되었고 따라서 교양오락비의 지출도 늘어나게 된 것이다.

1) 여가활동

여가활동을 주말과 휴가 때로 나누어 보면, 주말인 경우에 중산층은 오락, 취미활동, 공연장 관람, 쇼핑 · 외식 등 문화생활에 더 많은 시간을 보내고 있고, 비중산층은 반대로 TV시청이나 단순 휴식, 그리고 이웃이나 친지방문을 더 빈번히 하고 있다(표 7-13a). 3일 이상의 휴가가 주어지면 중산층은 여행에, 비중산층은 이웃이나 친지방문에 상대적으로 더 많은 시간을 보내고 있다(표 7-13b). 계층별 여가활동의 차이는 대부분 경제적 여건과 관련되어 있다. 즉 중산층의 비율이 높은 활동은 경제적 여유가 있어야 가능한 것들이며, 반면에 비중산층은 경제적 비용이 크게 소요되지 않는 활동에 더 많은 시간을 보내고 있음을 쉽게 읽을 수 있다.

휴가시의 활동에서 보면 전 계층에서 공통적으로 국내여행이 가장 높게 나타나고 있다. 중산층이 비중산층보다 훨씬 더 높은 비율을 보여주고 있지만 비중산층도 43%가 국내여행을 즐기고 있어 중산층에 접근해가고 있다. 해외여행은 아직까지 국내여행에 크게 못미치고 있다. 그러나 통계청의 〈사회통계조사〉에 나타난 최근 1년간 해외여행자의 비율을 보면 1990년에는 전국적으로 2.0%에 불과하였으나 IMF 사태 직전인 1996년에는 6.5%으로 늘어났었으며 2000년에는 5.9%로 약간 감소하였다가 2004년에는 10.2%로 다시 크게 늘었다. 1990~2000년간 10년 동안 해외여행자 비율은 중졸 이하자는 3배 이상, 고졸자는 2.8배, 대졸 이상자는 1.6배 정도 증가함으로써 중하위계층에서 크게 증가하였음을 볼 수 있다(통계청, 2003: 479).

표 7-13a. 계층별 여가활동: 주말 (단위: %)

여가활동	중산층	주변적 중산층	비중산층
운동 · 오락 · 취미활동	25.0	21.6	17.5
쇼핑/외식	22.0	19.4	16.3
극장 · 음악회 · 전시회 · 경기장 관람	21.7	10.2	6.5
여행	3.4	2.6	2.7
TV시청/신문 · 잡지 · 책읽기/잠자기 · 휴식	12.7	23.0	27.3
이웃 · 친지방문, 만남/가족담소	11.9	16.6	20.4
종교 · 봉사활동	3.1	6.2	8.8
기타	0.3	0.4	0.6
계 (N)	100.0 (387)	100.0 (453)	100.0 (480)

자료: 서울시정연 2002 조사.

표 7-13b. 계층별 여가활동: 휴가시 (단위: %)

여가활동	중산층	주변적 중산층	비중산층
국내여행	54.5	49.9	43.0
해외여행	2.1	0.9	0.6
운동 · 오락 · 취미활동	10.9	6.6	7.9
극장 · 음악회 · 전시회 · 경기장 관람	5.4	1.5	2.9
쇼핑/외식	5.2	5.5	4.6
이웃 · 친지방문, 만남	14.7	21.6	24.4
TV시청/신문 · 잡지 · 책읽기/잠자기 · 휴식	4.4	7.5	10.2
기타	2.8	6.4	6.3
계 (N)	100.0 (387)	100.0 (453)	100.0 (480)

자료: 서울시정연 2002 조사.

2) 일과 여가에 대한 인식

일과 여가에 있어 여가의 중요성은 비중산층보다는 중산층이 더 높은 비중을 두고 있다. 돈 때문에 일한다고 응답한 사람은 비중산층에서 훨씬 높게 나타난다(표 7-14). 여기서 여가의 중요성을 다시 연령대별로 나누어 보면 각 계층집단 공히 연령대별 차이가 극명하게 드러나고 있다. 전체적으로 연령이 높아질수록 일에 더 중요성을 두고 있다. 특히 그 차이는 중산층에서 가장 크게 나타난다. 중산층의 경우 20대에서는 64.5%가 여가의 중요성에 비중을 두고 있는 반면에 50대 이상에서는 14.5%만이 그러하다. 대체로 20~30대와 40~50대간에는 명확한 세대 차가 보인다(표 7-15).

2004년 7월부터 공공부문 및 종업원 1,000명 이상 고용 민간기업을 시작으로 주5일제가 시행되면서 여가시간의 활용은 더욱 중요하게 부각되었다. 대상 기업은 순차적으로 늘어나 4년 후인 2008년에는 종업

표 7-14. 계층별 일과 여가에 대한 의견 (단위: 찬성 %)

의견	계층분류			χ^2 (df = 2)
	중산층	주변적 중산층	비중산층	
일하는 시간보다 여가 시간이 더 중요하다	42.1	37.1	31.4	9.85**
일하는 이유는 돈 때문이다	43.0	44.6	53.0	9.12**

주: *p < .05, **p < .01.
자료: 서울대 사발연 2003 조사.

표 7-15. 여가의 중요성에 대한 계층 · 연령별 찬성률 (단위: %)

계층	20대	30대	40대	50대 이상	χ^2 (df = 3)
중산층	64.5	49.5	31.4	14.5	44.05**
주변적 중산층	47.3	50.0	22.0	19.3	27.23**
비중산층	54.5	41.8	21.2	23.8	28.14**
전체 (N)	56.7 (263)	47.5 (305)	25.6 (309)	20.1 (323)	
χ^2 (df = 2)	5.61	1.65	3.72	2.24	

주: *p < .05, **p < .01.
자료: 서울대 사발연 2003 조사.

원 20인 이상의 기업에까지 확대 시행될 것이다. 주5일제 근무에 따라 도시민의 여행 빈도, 이동 거리 및 여행경비도 증가될 것으로 추정되고 있다.[13] 여가시간의 증가는 레저 활동을 위한 지출을 높이게 된다. 레저 활동은 장거리 숙박 여행, 스키, 골프 등 비용이 많이 드는 것과 등산, 낚시, 당일 여행 등 상대적으로 저렴하게 즐길 수 있는 것으로 구분해 볼 수 있다. 활동의 유형은 1차적으로 개인의 취향과 선호에 따라 달라지겠지만 경제적 지출 때문에 계층적 지위에 따라 활동양상이 달라질 것이다.[14] 특히 골프와 같은 활동은 아직도 고비용의 스포츠로 골프 인구의 급속한 증가에도 불구하고 대중스포츠로 자리잡고 있지는 못하다.[15] 그러나 과거 소수에게만 가능했던 스키와 골프 등 일부 스포츠 활동의 향유 계층이 확대되면서 레저 활동에서 계층간 격차가 줄어든 측면은 간과할 수 없다.

7. 소결

중산층의 생활양식에 관한 논의에서 우리는 몇 가지 점을 발견하게 된다. 첫째로, 중산층의 생활양식을 공유하는 층이 점차 확대되어 가고 있다는 점이다. 다시 말하자면 '중산층의 문화'가 확산되고 있다는 것이다. 중산층의 문화품목이 비중산층으로 파장을 이루며 스며들고 있다. 이는 앞 장에서 살펴본 중산층 귀속의식의 증가와도 무관하지 않다. 둘째로, 중산층과 비중산층간에 공유영역이 넓어지면서도 이들간의 차별성은 여전히 남아 있다는 것이다. 이러한 차이가 과거에는 양적

---

13. 조선일보, 2004년 7월 16일자.
14. 통계청 자료에 따르면 오락문화비는 지역별로 크게 차이가 난다. 2002년 기준 지역별 1인당 오락문화비를 보면 서울이 80만 7천 원으로 가장 높았고, 전남이 50만 7천 원으로 가장 낮았다. 세계일보, 2004년 10월 26일자.
15. 문화관광부(2004) 발간 『체육백서』에 따르면, 향후 희망하는 운동종목으로 골프(8.0%)는 수영(17.0%) 및 등산(9.0%)에 이어 3위를 차지하고 있다.

인 차이였다면 지금은 질적 구분으로 차별화된다. 지금까지의 기준에 따라 판별된 절대 중산층의 비율이 높아진다 하더라도 중산층 삶의 기준에 대한 사회적 기대가 커진다면 비중산층은 일정 규모로 계속 남아 있을 수밖에 없다. 셋째로, 중산층은 하나의 범주로 통합되어 있는 듯하면서도 내적으로는 매우 다양하고 이질적인 집단으로 구성되어 있다는 점이다. 같은 중산층이라도 연령별로 다양한 태도를 보여주고 있다. 특히 세대간 의식격차가 심한 우리 사회에서 세대의 격차가 때로는 계층간 격차를 압도하고 있으며 이를 희석하기도 한다.

그렇다면 중산층이란 실체가 없고 다양한 이질적 존재의 단순 결합체로 보아야 할 것인가? 중산층이 그들의 동질성을 유지하기 위해 노력하고 있는 흔적이 여러 군데에서 나타나고 있다. 또한 도시 중산층의 특징으로서 일반적으로 지칭되어 왔던 개인주의적 의식과 생활양식은 개인의 이해관계와 얽혀 있는 한 집합적 유대를 보여주고 있다. 따라서 이를 저해하는 어떠한 움직임에 대해서도 이들은 저항하고 있다. 이는 하위계층의 진입으로부터 스스로를 보호하고자 하는 자구책의 형식으로도 나타나고 있다. 동질성 유지 노력은 전통적 신분질서가 존재하지 않는 우리의 현실에서 지위추구행동과 표리의 관계에 있으며, 기왕에 확보해 놓은 사회경제적 지위는 반드시 보호하고자 한다. 이러한 이유에서 이들은 '자식투자'를 가장 확실한 투자로 이해하고 가족의 기본질서까지 희생해가면서 자녀교육에 몰입하고 있는 것이다.

VIII. 맺음말

이 연구는 지금까지 여러 학문분야와 대중매체 등에서 명확한 개념규정 없이 편의적으로 사용해 온 '중산층'의 의미를 학술적으로 재구성해 보려는 의도에서 출발하였다. 우리 사회에서 중산층은 사회적 중추세력으로 이들의 경제적 기반과 정치적 성향은 사회 안정에 큰 영향을 미치기 때문에 이들의 실체를 파악하고, 이들의 존재가 갖는 정치 · 사회적 함의를 밝히는 일은 중요하다. 이를 위해 중산층의 개념을 정리하고 계급이론과의 관계를 설정하고자 하였다. 중산층 논의는 상당 부분 '중간계급론'과 중첩되어 있어 이 연구에서는 용어의 경험적 재규정을 시도하였다. 이에 따라서 '중간'의 계급 또는 계층을 각각 '중간계급'과 '중산층'으로 구분하고 중간계급은 '계급집단'으로, 그리고 중산층은 '지위집단'으로 이해하였다.

중간계급은 현대관료조직의 발달과 더불어 증가하게 된 봉급생활자 중심의 신중간계급과 자본주의의 전개과정에서 약화되리라고 예측되었던 자영업주 중심의 구중간계급으로 나누어진다. 지난 반세기 동안의 추세를 보면 우리나라에서는 신 · 구중간계급 모두 증가하였다. 특히 신중간계급은 급속히 성장하였으며 구중간계급은 이에 비해 다소 완만한 증가를 보여주었다. 이는 농업 등 1차 산업 중심의 경제구조가 변화한 결과이기도 하다. 그러나 신 · 구중간계급은 모두 내부적으로 크게 분화되었으며 다양한 층을 포괄하게 되었다. 신중간계급의 구성에 있어 전문적 지식과 기술을 보유한 층은 지속적으로 증가하고 있으며 반면에 일상적인 화이트칼라 종사자들은 최근 들어 감소추세를 보이고 있다. 구중간계급은 실업의 안전판으로 기능함과 동시에 사회이동의 중요한 통로가 되고 있으며, 그 비율은 우리나라가 선진국들에 비해 높은 편이다. 한편 중산층은 자본가계급(또는 상류계급)과 노동자계급 사이에 존재하는 신 · 구중간계급과는 달리 일정 수준 이상의 생활양식을 공유하는 계층집단으로 규정하였다. 중간계급은 직업 및 종사상의 지위에 따라 비교적 명료하게 식별이 가능한 반면에, 중산층은 '중간정도' 의 사회경제적 지위를 가지고 있는 층이어서 그 범위와 구획은 상대적인 성격을 지닌다.

중산층의 규모를 파악하기 위해 중산층을 '절대 중산층'과 '상대 중산층'으로 구분하였다. 절대 중산층은 중산층의 삶을 영위하기 위한 최소 수준의 생활양식이 있다는 전제하에 이 수준을 충족시키는 층을 가리킨다. 반면에 상대 중산층은 전체 인구의 '중간' 부분을 이루는 층으로 절대적 기준과는 무관하게 항상 전체 인구 중 일정 비율은 중산층을 형성하게 된다. 이는 절대빈곤과 상대빈곤 인구를 구분하는 것과 동일한 맥락에서 이해할 수 있다. 상대 중산층의 개념은 소득분포를 바탕으로 소득계층을 구분한 연구자들에 의해 주로 활용되었다. 상대 중산층은 생활양식의 절대적 기준보다는 생활기회의 분포나 계층간 격차에 의해 직접적인 영향을 받는 개념이다. 그러나 중산층이 되기 위한 최소한의 기준도 시대가 변함에 따라 달라질 수 있다는 점을 가정한다면 절대 중산층도 상대적 요소를 어느 정도 내포할 수밖에 없다고 할 수 있다. 중간계급의 증가와 더불어 절대 중산층도 크게 증가하였다. 경제발전에 따라 소득수준은 높아졌고 주거환경이 개선되었으며, 지식정보화 사회로 들어서면서 전문·기술직종사자가 증가하고 교육수준도 높아졌다. 이와 같은 여건하에서 중산층의 비율은 객관적 기준에서뿐만이 아니라 주관적 귀속의식에 있어서도 높아지게 되었다.

한국의 중산층은 그 구성에 있어 내적으로 동질적인 성향을 띠지 않는다. 그 중에서도 중산층내에서 세대간 구분이 뚜렷이 부각되고 있음을 볼 수 있다. 의식의 차이와 균열은 중산층과 비중산층 사이에서보다 세대간에 더 크게 나타나고 있다. 정치적 성향에 있어 고학력의 젊은 세대는 진보적 성향을 강하게 가지고 있는 반면에 전문·관리직에 종사하는 고연령층은 강한 보수적 성향을 보여주고 있다. 따라서 중산층 내부에서의 세대간 이념적 거리는 중산층과 비중산층과의 거리 이상으로 벌어지고 아울러 교육받은 새로운 세대들이 지속적으로 중산층에 편입됨으로써 중산층의 비판의식은 보다 부각되고 있다. 그러나 중산층이 갖는 정치적 진보 의식이 반드시 정치적 행동으로 표출된 것은 아니다. 1980년대 후반 민주화 과정에서 젊은 화이트칼라층을 중심으로 정치적 참여도가 높아졌고 그후 이들이 노동조합운동에서도 주도적인 역할을 담당하였지만 중산층은 집합적 의사 표현에 있어 비중산층에 비해 오히려 소극적이었다.

그렇다면 한국사회에서 중산층의 실체는 어디에서 찾을 수 있을까? 앞서의 논의에서 중산층의 존재를 타 계층과 차별화되는 생활양식을 통해 찾아보고자 하였다. 하지만 이들이 향유하는 생활양식은 시간의 간격을 두고 비중산층으로도 확산되고 있다. 공유 영역과 향유 계층의 폭은 넓어지고 있으며, '중산층 문화'는 우리 사회의 보편적 문화로 확산되어 가고 있다. 이 문화는 최소한의 경제적 자원을 확보한 층이라면 누구라도 공유할 수 있으며 그러한 자원에 대한 접근은 과거보다 더 용이해지고 있는 것이다.

그러나 중산층과 비중산층간의 외형적 동질화에도 불구하고 질적 차별성은 상존하고 있음에 주목하게 된다. 중산층은 비중산층에 비해 경제적으로 안정되어 있는 층이다. 따라서 이들의 삶은 생존 자체를 위한 것이 아니라 생활의 질을 향상시키기 위한 질적인 것까지도 추구하고 있다. 중산층은 자기 보호적인 성향을 띠고 있다. 자신의 이해관계와 관련된 영역에서는 매우 적극적이며 내적 결속도 강하게 이루어지고 때로는 집단행동도 마다하지 않는다. 또한 스스로를 비중산층과 구별짓고 집단내 동질성을 유지하고자 노력하고 있다. 자신들이 이미 확보하고 있는 사회경제적 위치를 고수하면서 자녀교육에 대한 투자를 통해 성취지향욕구를 충족시키기도 한다. '전국민의 중산층화'라는 명제는 모든 국민이 생존 그 자체만을 위한 삶이 아니라 최소한의 삶의 질을 구가할 수 있는 수준까지 끌어올리려는 것이다. 중산층의 규모가 증가할수록 중산층은 그 정체성을 상실하게 되며 그에 따라 중산층의 내적 다양성은 더욱 증가하게 될 것이다. 비중산층의 중산층으로의 편입이 가속화될수록 중산층의 내적 차별화는 더욱 촉진될 것이다.

지금까지 우리 사회의 발전 과정에서 중산층이 핵심적 역할을 담당했고 사회발전에 큰 기여를 해왔음에도 불구하고 대기업 경영주나 생산직 노동자들에 비해 그다지 큰 조명을 받지 못하였다. 1960~80년대 급속한 경제성장을 이루고 수출증진의 역군으로 해외시장을 뛰어다녔던 이들은 사회적 관심에서는 주역이 아니었다. 더욱이 1990년대 후반에 닥쳐온 경제위기와 그 이후의 불황을 겪으면서 이들 중 많은 사람들이 안정된 직장을 떠나야 했고 이로 인해 이들의 실업과 경제적 좌절은 사회문제로 부각되기에 이르렀다. 물론 이 시기에 나타난 경제적 어려움은 중산층에만 국한된 것은 아닐 것이다. 그러나 우리 사회에서 안정적 위치를 누리고 있었던 중산층에 가해진 경제적 충격은 비중산층에 비해 그 강도가 더 컸었다고 볼 수 있다. 중산층 육성을 위한 사회정책은 중산층이 그 위치에서 탈락하지 않도록 하고 동시에 비중산층을 중산층의 수준으로 끌어올리는 데에 역점을 두고 있었다. 따라서 중산층의 위기는 바로 우리 사회의 총체적 위기를 의미하게 되는 것이다. 현재의 중산층이 겪고 있는 어려움이 곧 중산층의 전면적인 붕괴를 반영하고 있다고 판단되지는 않는다. 또한 중산층의 위기가 항구적인 것이라고 결론내릴 만한 근거도 뚜렷하지 않다. 그러나 중산층의 약화는 우리나라의 미래 도약의 발판을 허무는 것으로 이들의 삶의 기반을 견실히 하고 건전한 중산층 문화를 정착시켜야 할 과제가 우리 앞에 놓여 있다 할 것이다.

참고문헌

국내문헌

강희경, 1979, 「신중간계급의 계급구조적 성격」, 『한국사회학연구』 3집: 185-227.

______, 1990, 「신흥공업국가의 계급의 공간적 분화: 한국과 대만의 신중간계급을 중심으로」, 서울대학교 사회학과 박사학위논문.

경제기획원, 1985, 「중산층 육성대책」, 미간행 정책보고자료, 경제기획국.

고영복, 1966, 「중간계층의 사회적 배경」, 『정경연구』 4월호: 118-28.

______, 1984, 「한국의 사회발전과 중간층」, 『사상과 정책』 1(봄호): 77-83.

구인회, 2004, 「한국의 빈곤, 왜 감소하지 않는가?: 1990년대 이후 빈곤추이의 분석」, 한국사회복지학회 · 조선일보 주최, 〈한국 사회안전망의 현황과 대책〉 심포지엄 발표 논문, 6월 22일, 서울프레스센터.

구해근, 1982, "A Preliminary Approach to Contemporary Class Structure," pp.45-66 in *Society in Transition: With Special Reference to Korea*, edited by Yunshik Chang et al., Seoul: Seoul National University Press(구해근, 「현대 한국계급구조에 관한 시론」, 『한국사회의 재인식』, 한울, 1985에 번역 수록).

______, 1991, 「한국 중간계급 연구의 이론적 · 방법론적 문제점」, 서울대학교 사회학연구회 편, 『사회계층 — 이론과 실제』, 다산출판사, pp.143-53.

______, 2002, 『한국 노동계급의 형성』, 신광영 역, 창작과비평사(Koo, Hagen, 2001, *Korean Workers: The Culture and Politics of Class Formation*,

Ithaca: Cornell University Press).
권태환 · 조형제, 1997, 『정보사회의 이해』, 미래미디어.
김경동, 1979, 「'일' 과 직업에 대한 태도, 1967~1978」, 『사회과학과 정책연구』 1권 3호(12월): 31-62.
______, 1983, 「중간계급의 정체와 중산층사회의 신화」, 『월간조선』 11월호: 142-53.
______, 1991, 「한국 중간계급 연구동향」, 『사회계층 — 이론과 실제』, pp.117-42.
김문조 · 김종길, 2002, 「정보격차의 이론적 · 정책적 재고」, 『한국사회학』 36(4): 123-55.
김병조, 1993, 「일반직 공무원의 계급구조에 대한 계급론적 분석」, 서울대학교 사회학과 박사학위논문.
김석준, 1992, 「한국중간층의 계급위치와 계급성격: 도시 임금취득자를 대상으로」, 고려대학교 사회학과 박사학위논문.
______, 1998, 『한국사회의 신중간계급』, 제주대학교출판부.
김성국, 1983, 「계층구조와 의식구조」, 『월간조선』 11월호: 154-67.
김영모, 1979, 「한국사회의 직업구조와 그 변동에 관한 연구」, 『논문집: 인문 · 사회과학 편』(중앙대학교) 23집: 313-35.
______, 1980, 「한국인의 계층구조와 그 이동에 관한 연구」, 『논문집: 인문 · 사회과학 편』 24집: 383-423.
______, 1982, 『한국사회계층연구』, 일조각.
______, 1985, 「한국사회의 계급구조와 그 변화」, 『한국사회학』 19집(겨울호): 153-69.
______, 1997, 『한국 중산층 연구』, 중앙대학교출판부.
______, 1999, 「현대 한국사회의 계급분석: 80년대~90년대」, 『현대사회계층론』, 개정 · 증보판, 한국복지정책연구소출판부, pp.306-30.
김진균, 1986, 「현대 한국의 계급구조와 노동자계급」, 『한국사회의 변동』, 성균관대학교 사회과학연구소.
김진영, 1994, 「정보기술과 화이트칼라 노동과정의 변화: 은행 및 보험기업의 사례연구」, 『한국사회학』 28집(봄호): 143-75.
김필동 · 김병조, 1995, 「해방후 한국사회의 발전과 사회조직의 변화」, 『광복50주년 기념논문집』 4권, 사회편, 광복50주년기념사업위원회 · 한국학술진흥재단, pp.265-329.
김채윤, 1962, 「한국의 중간계급: 퍼스낼리티를 상품화하는 계급」, 『사상계』 5월

號: 222-27.
노창섭, 1963, 『한국도시지역사회의 연구』, 이화여자대학교출판부.
______, 1964, 『서울 주택지역의 연구: 가회동, 재동, 삼청동의 사회학적 조사』, 한국연구총서 22집, 한국연구원.
대한매일신보사, 1998, 『IMF시대의 자화상』, 대한매일 재탄생 기념 국민라이프스타일 조사결과보고서.
동아일보사, 1995, 「국민생활과 대외관계에 대한 국민의식조사」, 동서조사연구소 조사보고서, 7월.
류상영 · 강석훈, 1999, 「중산층의 변화실태와 정책방향」, 연구보고서, 삼성경제연구소, 7월.
문옥표 · 김광억 · 김부성 · 임봉길 · 전경수, 1992, 『도시중산층의 생활문화』, 한국정신문화연구원.
문유경 · 성지미 · 안주엽, 2002, 『여성 자영업자의 현황과 대책방안』, 한국여성개발원.
문형선, 1963, 「도시중산층의 파산」, 『사상계』 8월호: 88-95.
문화관광부, 2004, 『2003 체육백서』.
박숙자, 1991, 「계급연구의 분석단위: 기혼여성의 계급적 지위」, 『사회계층: 이론과 실제』, 서울대학교 사회학연구회 편, pp.383-400.
박현정 · 홍두승, 1993, 「사회경제적 상황과 계층의식」, 홍두승 · 이동원 편, 『집합주거와 사회환경: 소형 아파트단지 과밀의 사회적 함의』, 서울대학교출판부, pp.101-27.
배규한, 1999, 「정보화와 사회구조의 변화」, 김일철 외, 『한국사회의 구조론적 이해』, 아르케, pp.447-83.
배성동, 1966, 「중산층의 정치적 의의: 모든 논의들의 종합에서」, 『청맥』 5월호: 180-85.
백두주 · 윤영삼, 2003, 「특수고용직 노동자의 조직화와 투쟁의 과제: 화물연대의 사례를 중심으로」, 한국산업노동학회, 2003년도 하반기 학술토론회 발표논문.
서관모, 1984, 『현대한국사회의 계급구성과 계급분화: 쁘띠부르조아지의 추세를 중심으로』, 한울.
______, 1987, 「한국사회 계급구성의 연구」, 서울대학교 사회학과 박사학위논문.
______ · 심성보 외, 1989, 『현단계 한국 사무직 노동운동』, 태암.
서울대학교 사회과학연구소, 1987, 『한국의 중산층: 전환기의 한국사회 조사자료집 II』, 한국일보사.

______, 인구및발전문제연구소, 1990, 「광복45주년 한국사회와 국민의식조사연구」, 미간행보고서, 8월.

신광영, 1989, 「생산직 노동조합과 화이트칼라 노동조합」, 한국사회연구소 편, 『노동조합조직연구』, 백산서당, pp.123-41.

신용남 · 김양희, 2000, 『재래시장에서 패션네트워크로: 상인과 연구원이 말하는 동대문시장의 겉과 속』, 삼성경제연구소.

신용하, 1966, 「한국근대화와 중산층의 개편」, 『정경연구』 4월호: 106-17.

신행철 외, 1999, 『한국사회의 계급연구』, 아르케.

연하청 · 이성표 · 박준경 · 김관영 · 한태선 · 홍종덕, 1990, 『중산층 실태분석과 정책 과제』, 한국개발연구원, 11월.

유영준, 1985, 「국가발전에 있어서의 중간층의 역할에 관한 소고」, 『개인과 국가』, 한국정신문화연구원, pp.151-82.

유희정, 1988, 「한국중간계급의 사회불평등구조에 관한 의식연구」, 이화여자대학교 사회학과 박사학위논문.

이상백, 1955, 「중간계급의 성격: 미국 white-collar의 사회학」, 『문리대학보』 (서울대학교) 3(2): 14-24.

이영희, 1988, 「한국 화이트칼라 노동조합의 성장요인과 특성에 관한 연구: 금융기관노동조합과 연구기관노동조합을 중심으로」, 이영희 편, 『화이트칼라 노동조합론』, 녹진, pp.9-109.

______, 1989, 「독점대기업 화이트칼라노동자 연구」, 한국사회연구소 편, 『한국사회노동자연구 I』, 백산서당, pp.273-324.

이홍구, 1986, 「한국정치의 시련과 진로」, 제7차 정책토론회, 〈한국정치의 과제와 전망〉, 주제발표문, 사회발전연구소.

임종철, 1966, 「중산층의 몰락, 그 필연성」, 『정경연구』 4월호: 149-59.

조권중 · 한영희, 2003, 『서울시 사회계층과 시민의 삶』, 서울시정개발연구원.

조돈문, 1994, 「한국사회 계급구조의 변화, 1960~1990: 계급구조의 양극화의 고찰」, 『한국사회학』 28집(봄호): 17-50.

______, 1996, 「중간계급의 계급적 성격과 계급적 이질성」, 『한국사회학』 30집(여름호): 269-303.

조 은 · 강정구 · 신광영, 1991, 「한국사회의 계급구조」, 『한국사회학』 25집(겨울호): 27-51.

최 명 · 권태환 · 홍두승 편, 1989, 『사회조사10년: 1979~1988』, 서울대학교 사회과학연구소.
최문경, 2004, 「자영업, 선택인가? 한국과 미국의 비교」, 세미나 발표자료, 6월, 삼성경제연구소, http://www.seri.org/search_result.jsp.
최태룡, 1991, 「구중간층의 형성과 사회의식: 진주시 자영업자층에 대한 경험적 연구」, 서울대학교 사회학과 박사학위논문.
통계청, 2000, 『한국표준직업분류』.
______, 2001, 『2000년 사회통계조사보고서』.
______, 2002, 『2001년 기준 사업체기초통계조사 잠정보고서』, 12월.
______, 2003, 『한국의 사회지표, 2003』.
한국소비자보호원, 2002, 『소비문화에 관한 국민의식조사』, 5월.
한국정보통신산업협회, 2003, 『정보통신산업통계집, 1990~2002』, KAIT자료 #2306, 11월, http://www.kait.or.kr.
행정자치부, 2003, 『행정자치통계연보』.
한상진, 1986, 「한국 중산층은 과연 보수적인가?」, 『사상과 정책』 3(여름호): 114-32.
______, 1987, 「한국중산층의 개념화를 위한 시도: 중산층의 규모와 이데올로기적 성격을 중심으로」, 『한국사회학』 21집(여름호): 121-48.
______, 1988, 「'민중' 과 '중산층' 귀속의식에 관한 연구」, 『사회운동과 사회계급』, 전예원, pp.267-98.
함인희 · 이동원 · 박선웅, 2001, 『중산층의 정체성과 소비문화』, 집문당.
현대사회연구소, 1985, 『한국 중산층의 규모와 생활실태 및 의식에 관한 연구』, 연구보고 '85-13.
홍두승, 1983a, 「한국사회계층연구를 위한 예비적 고찰」, 『한국사회의 전통과 변화』, 범문사, pp.169-213.
______, 1983b, 「직업분석을 통한 계층연구: 〈한국표준직업분류〉를 중심으로」, 『사회과학과 정책연구』 5(3): 69-87.
______, 1989, 「계층구조와 계층의식: 사회조사자료를 통하여 본 현실과 전망」, 『사회과학과 정책연구』 11(1): 123-53.
______, 1999, 「계급과 불평등구조」, 김일철 외, 『한국사회의 구조론적 이해』, 아르케, pp.345-74.
______ · 구해근, 2001, 『사회계층 · 계급론』 2판, 다산출판사.
______ · 김미희, 1988, 「도시중산층의 생활양식: 주거생활을 중심으로」, 『성곡논총』 19집: 485-533.

______ · 김병조 · 조동기, 1999, 『한국의 직업구조』, 서울대학교출판부.
______ · 이동원 편, 1993, 『집합주거와 사회환경: 소형 아파트단지 과밀의 사회적 함의』, 서울대학교출판부.
홍석표 · 원종욱 · 백화종 · 김성일 · 홍 미, 2003, 「경제위기 전후의 중산 · 서민층 생활 실태 변화와 대책」, 연구보고서, 한국보건사회연구원.
홍성민 · 민주홍, 1999, 「IMF 시대의 중산층 약화실태 및 재구축방안」, VIP Report, 현대경제연구원.
황성모, 1965, 「근대화의 제문제 — 사회구조와 민주주의와의 관련에서」, 『동아문화』 3집(4월): 69-118.

구미문헌

Bernstein, Eduard, 1961, *Evolutionary Socialism*, New York: Schocken Books.
Blankster, George I., 1957, "Middle Groups in National Politics in Latin America," *Hispanic American Historical Review* 37(August): 313-29.
______, 1960, "In Quest of the Middle Sectors," *World Politics* 12(April): 323-27.
Bradley, Ian, 1982, *The English Middle Classes: Are Alive and Kicking*, London: Collins.
Braverman, H., 1974, *Labour and Monopoly Capital*, New York: Monthly Review Press.
Carchedi, G., 1977, *On the Economic Identification of Social Classes*, London: Routledge & Kegan Paul.
Cole, G.D.H., 1950, "The Conception of the Middle Classes," *British Journal of Sociology* 1: 275-90.
Corey, Lewis, 1935, *The Crisis of the Middle Class*, New York: Lovici-Friede.
Dahrendorf, Ralf, 1959, *Class and Class Conflict in Industrial Society*, Stanford: Stanford University Press.
Erikson, Robert, and John H. Goldthorpe, 1992, *The Constant Flux: A Study of Class Mobility in Industrial Societies*, Oxford: Clarendon Press.
Freedman, Francesca, 1975, "The Internal Structure of the American Proletariat," *Socialist Revolution* 26(October-December).
Geiger, Theodore, 1930, "Panik im Mittelstand," *Die Arbeit* 7: 637-53.
Giddens, Anthony, 1973, *The Class Structure of the Advanced Societies*, New York: Harper & Row.

Goldthorpe, John H., 1980, *Social Mobility and Class Structure in Modern Britain*, Oxford: Clarendon Press.

______, and Keith Hope, 1974, *The Social Grading of Occupations*, Oxford: Clarendon Press.

Hong, Doo-Seung, 1999, "Profiles of the Korean Middle Class," pp.101-25 in *East Asian Middle Classes in Comparative Perspective*, edited by H.H. Michael Hsiao.

______, 2003, "Social Change and Stratification," *Social Indicators Research* 62/63: 39-50.

______, Jonghoe Yang, and Kyong-Dong Kim, 1995, "The Middle Class in Korea: National Report," Unpublished research report submitted to the CCK Foundation, Taipei, Taiwan.

Hsiao, Hsin-Huang Michael, ed., 1993, *Discovery of the Middle Classes in East Asia*, Taiwan: Institute of Ethnology, Academia Sinica.

______, ed., 1999, *East Asian Middle Classes in Comparative Perspective*, Taiwan: Institute of Ethnology, Academia Sinica.

______, and Alvin Y. So, 1999, "The Making of the East Asian Middle Classes," pp.3-49 in *East Asian Middle Classes in Comparative Perspective.*

Johnson, John J., 1958, *Political Change in Latin America: The Emergence of the Middle Sectors*, Stanford: Stanford University Press.

______, 1961, "The Political Role of the Latin-American Middle Sectors," *Annals of the American Academy of Political and Social Science* 334(March): 20-29.

Kim, Kyong-Dong, 1999, "Social Attitudes and Political Orientations of the Korean Middle Class," pp.243-56 in *East Asian Middle Classes in Comparative Perspective.*

Lederer, Emil, [1912]1937, *Die Privatangestellten in der modernen Wirtschaftentwicklung*, Tübingen [*The Problem of the Modern Salaried Employee*, New York: Department of Social Science, Columbia University, 번역 출간].

______, and Jacob Marschak, [1926]1955, "Der Neue Mittelstand," *Grundriss der Sozialoekonomie* 9, Abteilung I. Teil. Tübingen: J.C.B. Mohr (Paul Siebeck). [Reprinted in "The New Middle Class," *The New Middle*

Classes, edited by Arthur J. Vidich, London: Macmillian, pp.55-86].

Lett, Denise Potrzeba, 1998, *In Pursuit of Status: The Making of South Korea's 'New' Urban Middle Class*, Cambridge, MA: Harvard University Asia Center.

Lockwood, David, 1958, *The Blackcoated Worker: A Study in Class Consciousness*, London: George Allen & Unwin.

Marshall, Gordon, 1988, "Classes in Britain: Marxist and Official," *European Sociological Review* 4(September): 141-54.

Marx, Karl, 1962, *Capital: A Critique of Political Economy*, Vol. III, Moscow: Foreign Languages Publishing House, pp.862-863 ["A Note on Classes," pp.5-6 in *Class, Status, and Power*, 2nd. ed., edited by Reinhard Bendix and Seymour M. Lipset, New York: Free Press, 1966].

______, 1977, "Theories of Surplus Value," *Karl Marx Selected Writings*, edited by David McLellan, New York: Oxford University Press.

______, and Friedrich Engels, [1888]1972, "Manifesto of the Communist Party," pp.331-62 in *The Marx-Engels Reader*, edited by Robert C. Tucker, New York: W. W. Norton.

Mills, C. Wright, 1951, *White Collar: The American Middle Classes*, New York: Oxford University Press.

Okada, Yuzuru, 1963, "The Middle Class: Editorial Notes," *Journal of Social and Political Ideas in Japan* 1: 74-75.

Odaka, Kunio, 1966, "The Middle Classes in Japan," in *Class, Status and Power*, edited by Reinhard Bendix and Seymour M. Lipset, Second edition, New York: Free Press, pp.541-51.

Ossowski, Stanislaw, 1963, "Dichotomic Conceptions of Class-Structure: One Group Set Over Another," pp.19-37 in *Class Structure in the Social Consciousness*, New York: Free Press.

Poulantzas, Nicos, 1975, *Classes in Contemporary Capitalism*, translated by David Fernbach, London: Verso.

______, 1977, "The New Petty Bourgeoisie," in *Class and Class Structure*, edited by Alan Hunt, London: Lawrence and Wishart.

Ross, George, 1978, "Marxism and the New Middle Classes: French Critiques," *Theory and Society* 5(March): 163-90.

Saunders, P., 1984, "Beyond Housing Classes: The Sociological Significance of Private Property Rights and Means of Consumption," *International Journal of Urban and Regional Research* 8(2): 202-27.

Speier, Hans, 1939, *The Salaried Employee in German Society*, New York: Department of Social Science, Columbia University.

______, 1986, *German White-Collar Workers and the Rise of Hitler*, New Haven: Yale University Press [*Die Angestellten vor dem Nationalsozialismus: Ein Beitrag zum Verständnis der deutschen Sozialstruktur 1918~1933* (Göttingen, 1977)의 영어판].

Steinmetz, George, and Erik O. Wright, 1989, "The Fall and Rise of the Petty Bourgeoisie: Changing Patterns of Self-Employment in the Postwar United States," *American Journal of Sociology* 94(March): 973-1018.

Steven, Rob, 1983, *Classes in Contemporary Japan*, Cambridge: Cambridge University Press.

Szymanski, Albert, 1983, *Class Structure: A Critical Perspective*, New York: Praeger.

Tanuma, Hajime, 1963, "Changes in Factors Conditioning the Urban Middle Class," *Journal of Social and Political Ideas in Japan* 1: 81-83.

Urry, John, 1973, "Towards a Structural Theory of the Middle Class," *Acta Sociologica* 16(3): 175-87.

Vidich, Arthur J., 1995, *The New Middle Classes: Life-Styles, Status Claims and Political Orientations*, London: Macmillian.

Vogel, Ezra F., 1963, *Japan's New Middle Class: The Salary Man and His Family in a Tokyo Suburb*, 2nd ed., Berkeley: University of California Press.

Warner, W. Lloyd, and Paul S. Lunt, 1941, *The Social Life of A Modern Community*, New Haven: Yale University Press.

Weber, Max, 1946, "Class, Status, Party," pp.180-95 in *From Max Weber: Essays in Sociology*, translated and edited by H.H. Gerth and C. Wright Mills, New York: Oxford University Press.

______, 1978, *Economy and Society*, edited by G. Roth and C. Wittich, Berkeley: University of California Press.

Wright, Erik O., 1978, *Class, Crisis and the State*, London: Verso.

______, 1985, *Classes*, London: Verso.

______, Cynthia Costello, David Hachen, and Joey Sprague, 1982, "The American Class Structure," *American Sociological Review* 47(December): 709-26.

Yang, Jonghoe, 1999, "Class Culture or Culture Class?: Lifestyles and Cultural Tastes of the Korean Middle Class," pp.319-63 in *East Asian Middle Classes in Comparative Perspective.*

일본문헌

나오이 미치코(直井 道子), 1979, 「階層意識と階級意識」, 富永健一 編, 『日本の階層構造』, 東京: 東京大學出版會, pp.365-88.

나오이 아츠시(直井 優)·세이야마 카주오(盛山和夫), 1990, 『現代日本の階層構造: 社會階層の構造と過程』, 東京: 東京大學出版會.

다치바나 키도시아키(橘木俊詔), 1998, 『日本の經濟格差: 所得と資産から考える』, 東京: 岩波新書.

마마다 타카오(間間田孝夫), 2000, 「自分はどこにいるのか: 階層歸屬意識の解明」, 『日本の階層システム 2: 公平感社と政治意識』, 海野道郎 編, 東京: 東京大學出版會, pp.3-53, 61-81.

무라카미 야스스케(村上泰亮), 1984, 『新中間大衆の時代: 戰後日本の解剖學』, 東京: 中央公論社.

사토오 토시키(佐藤俊樹), 2000, 『不平等社會日本: さよなら總中流』, 東京: 中央公論新社.

______, 2001, 「それでも進む '不平等社會化': 選抜と機會と '階級'」, 『論爭·中流崩壞』, pp.238-56 (『中央公論』, 2000년 11월호 수록).

______·이시하라 히데키(石原英樹), 2000, 「市民社會の未來と階層階級の現在: '中' 社會の終焉から」, 『日本の階層システム 6: 階層社會から新しい市民社會へ』, 高坂健次 編, 東京: 東京大學出版會, pp.201-22.

세이야마 카주오(盛山和夫), 2001, 「中流崩壞は '物語' にすぎない」, 『論爭·中流崩壞』, pp.222-37 (『中央公論』 2000년 11월호 수록).

오다카 쿠니오(尾高邦雄)·니시히라 시게키(西平重喜), 1953, 「わが國六大都市の社會的 成層と移動」, 『社會學評論』 12: 2-45.

오오코우치 카주오(大河內一男), 1960, 『日本的中産階級』, 東京: 文藝春秋新社.

오오하시 류우켄(大橋隆憲) 編, 1971,『日本の階級構成』, 東京: 岩波新書.
이마다 타카토시(今田高俊), 2000,「ポストモダン時代の社會階層」,『日本の階層システム 5: 社會階層のポストモダン』, 今田高俊 編, 東京: 東京大學出版會, pp.3-53.
토미나가 켄이치(富永健一) 編, 1979,『日本の階層構造』, 東京: 東京大學出版會.
하라 쥰스케(原純輔)・세이야마 카주오(盛山和夫), 1999,『社會階層: 豊かさの中の不平等』, 東京: 東京大學出版會.
中央公論編輯部 編, 2001,『論争・中流崩壞』, 東京: 中央公論新社.

부록

〈부표 1〉 분석에 사용된 주요 조사자료 개요

조사명	실시시기	조사대상	표본수/ 표집 · 조사방법	주관기관/ 조사기관
서울대 사과연 1987 조사	1987. 5. 4~5. 13	전국 도시지역 20~60평 주택 및 아파트 거주 기혼 성인남녀	1,043명/ 다단계 집락표집/ 개별면접	한국일보/ 서울대학교 사회과학연구소
서울대 인발연 1992 조사	1992. 9. 26~10. 4	서울시 거주 20세 이상 성인 남녀	1,200명/ 규모비례 할당표집/ 개별면접	대만 중앙연구원/ 서울대학교 인구및 발전문제연구소
조사연구학회 2002 조사	2002. 4. 19~4. 25	전국 20세 이상 성인 남녀	1,023명/ 다단계 층화표집/ 개별면접	조선일보 · 한국조사연구학회/ 한국갤럽
서울시정연 2002 조사	2002. 6. 15~7. 6	서울시 거주 20~65세 성인 남녀	1,500명 할당표집/ 설문지법 · 개별면접	서울시정개발 연구원/ 코리아리서치
서울대 사발연 2003 조사	2003. 1. 8~1. 28	전국 20세 이상 성인 남녀	1,200명/ 할당표집/ Access Panel 우편조사	삼성경제연구소 · 서울대학교 사회발전연구소/ 한국리서치

〈부표 2〉 분석자료의 중산층 비율 (단위: 명)

조사명	총 표본수	유효 표본수	(핵심적) 중산층	주변적 중산층	비중산층
조사연구학회 2002 조사 (전국)	1,023	993	206 (20.7%)	254 (25.6%)	533 (53.7%)
서울시정연 2002 조사 (서울)	1,500	1,322	387 (29.3%)	455 (34.4%)	480 (36.3%)
서울대 사발연 2003 조사 (전국)	1,200	1,118	363 (32.5%)	334 (29.9%)	421 (37.7%)

Abstract

The Middle Classes in Korea

This monograph explores the middle classes in Korea. Economic growth and the rise of living standards brought about the expansion of the middle classes over the past several decades. However, there seems to be no consensus among students of social stratification on the concept and boundary of the middle classes despite prolific studies on this topic. Thus, this study attempts to clarify the conceptual disparity around the middle classes. For analysis purposes, the concept of the 'intermediate' classes or strata is divided into two parts: the 'middle class' (MC) and the middle stratum, 'jungsancheung' (JSC). Part 1 deals with the MC as a class group (Chapters 2~4) and Part 2 focuses mostly on the JSC as a status group (Chapters 5~7). To this end, this monograph uses several survey data, collected by various individuals and research institutes during the period of the late 1980s through the early 2000s.

Following the introductory chapter, Chapter 2 reviews the origins and progresses of middle class theories developed in Western societies and later replicated in non-Western settings. The middle class controversy originates from the emergent salaried employees in the late nineteenth century. As to this new group, two theoretical perspectives are discerned by how to define those in the middle between the capitalist and working classes (i.e., the simple polarization theory and the middle class theory). Theoretical discussion starts with the orthodox Marxian perspectives and examines the main arguments of neo-Marxian class theorists such as Poulantzas, Carchedi, Wright and Szymanski. This chapter traces the origin of the 'new middle class' referring to the earlier works of Lederer and Speier. It also examines the debates between orthodox Marxists and revisionists concerning the characteristics of the middle class.

Next, the Weberian approaches are discussed. The Weberian class theorists are similar to Marxists in that class is defined in terms of economic criteria. Even Weber himself regards the ownership of property as a basic element of the class situation. However, while Marx analyzes class in terms of the social relation of production, Weber refers to it as a labor market situation. Of course, not all Weberian scholars are in agreement in their understanding of the classes. This study discusses the theoretical positions of the Weberian scholars Mills, Dahrendorf, Lockwood, and Giddens.

Following the theoretical frameworks outlined above, this chapter examines the cases of non-Western societies. In East Asia, Japan has a long history of middle class research. There are two perspectives in the middle class research of Japan: traditional Marxian class theory and the stratification studies of the American style. Since World War II, economic proliferation of the Japanese society formed the social image of 'the total middle stratum of 100 million people.' Yet such an image faded in the 1990s. This chapter also presents a comparative study of four East Asian societies including Korea, Taiwan, Hong Kong, and Singapore. It shows that the middle classes in East Asia cannot be explained with a simple stereotyped model and is still in the process of transformation as distinct from advanced capitalist societies.

Chapter 3 examines various class schemes to explore a best-fitting model for the Korean society. The classification schemes of Wright and of Goldthorpe, which have been widely utilized for class studies, are compared to present an alternative for the Korean society. Wright, a leading Marxist class theorist who was concerned with theorizing the features of the middle class, stresses the importance of defining the middle class even for clarifying the working class. On the other hand, Goldthorpe, a renowned Weberian sociologist, classifies the class based on occupational title, employment status, and the size of workplace, then defines the class as those who are located in the similar market and work situations. The alternative scheme proposed in this monograph appears to be more similar to the Goldthorpe's.

Chapter 4 investigates the internal composition of the new and old middle classes and their characteristics. Three subgroups of the middle class are explained: the upper-middle class, the new middle class, and the old middle class. Although the upper-middle class shows the life chances and lifestyles as distinct from other middle class groups, it is regarded as part of the new middle class. White-collar workers are internally diversified and sometimes the differences within the group are greater than those between while-collar and blue-collar workers. As to the old middle class, its proportion is still high even though slightly decreased in the early 1990s. The high proportion of the old middle class seems common in the East Asian societies, much higher than in advanced societies.

Chapter 5, concerned with the concept of the JSC and its empirical applications, proposes the concept of the JSC as distinct from the MC. The JSC differs from the MC with regard to the unit of analysis: The unit of analysis of the MC is defined in terms of individuals while for the JSC is households. The JSC is regarded as the stratum sharing common lifestyles and attaining a certain level of life chances. The JSC can be defined by both objective and subjective criteria; the objective criterion includes economic and socio-cultural indicators. In this study, only objective indicators are used for locating the JSC. For this purpose, the occupational status of the main breadwinner, family income, and the educational level of respondent are adopted as principal variables for the analysis. The ownership and size of the dwelling unit are added to these if data is available. On the basis of these criteria, three strata are differentiated: the 'core JSC,' 'marginal JSC,' and 'non-JSC.'

Chapter 6 envisages the self-identified stratum of the JSC, and discusses their ideological leanings and sociopolitical attitudes. The trend of self-identification with the JSC decreased temporarily right after the economic crisis of the late 1990s; however, the overall pattern during the period of the 1990s marks an increase. Additionally, the self-image of the JSC is explored. It is perceived that while pursuing a reform of the social system, the JSC continues to oppose any radical approaches to attain it. The JSC is expected to play a leading role in facilitating the reform towards ultimate democratization. Since the JSC is a stable stratum with regard to economic life, the JSC is believed to resist any radical changes of the social system in a revolutionary way and, thus, it seeks the reform only within the on-going frame of society.

On the ideological leanings of the JSC, during the past decade, the proportion of those who identify themselves as 'conservative' has increased to a considerable extent, and those as 'progressive' have increased slightly. On the contrast, the proportion of 'middle' in a 'conservative-progressive' axis has greatly decreased. Therefore, the ideological axis in the Korean society appears to have become clearly bipolar. By strata, the highest proportion of conservatives is found among the marginal JSC and the progressive are among the core JSC. The differences of ideological attitudes are more conspicuous by age groups than by strata. Although there are no consistent patterns of response on social issues by strata, the non-JSC tends to portray more conservative attitudes than the JSC. But on some economic issues, the JSC is more conservative than the non-JSC.

Chapter 7 examines the lifestyles of the JSC. Over the past thirty years, the portion for basic life such as food, clothing, and housing in total expenditure has substantially decreased whereas that for education, leisure, transportation and communications has increased. Although changes in the composition of consumption expenditure reflect the overall economic situation of this period, the changing patterns are different by strata revealing a wave spreading from the upper to the middle, and then to the non-middle stratum. In other words, the consumption pattern, which was prevalent among the upper stratum at first, spills over to the middle and again to the non-middle.

This monograph concludes with highlighting the diversity of the JSC. Due to internal differentiation, the JSC shows the diversified features that cannot be defined in a uniformed way. The Korean JSC is not homogeneous but very complex and differentiated. Generational divisions within the JSC surfaces clearly; the younger generation with higher education are inclined towards more progressive dispositions. Discrepancy in perceptions by generation, in a sense, supersedes differences by strata and dilutes them. Ideological distance within the JSC is never closer than the discrepancy between the JSC and the non-JSC.

찾아보기

발간사

'한국학'에 대한 관심과 요구가 국내외에서 높아지고 있다. 한국학을 전공으로 하는 학과도 생겨나고 한국학 연구자들의 국제학술대회도 종종 접하게 된다. 한국사회가 짧은 시기에 보여 준 역동적인 변화에 대한 학문적 관심이 나라 안팎으로 증대된 결과일 것이다. 한국의 역사와 문화, 사회적 경험이 점점 더 많은 연구자들의 관심대상으로 되고 있다는 사실은 매우 반가운 일이다.

한국학이란 고정된 분과학문 체계 내의 한 부분영역이 아니라 다양한 분과학문들이 함께 참여하는 학제적 연구의 성격을 지닌다. 한국학은 과거의 전통에 깊은 관심을 갖지만 현재의 문제들에도 주목하며 미래의 전망을 모색하는 작업도 포함한다. 인문학적 논의와 사회과학적 관심은 물론이고 자연과학적 문제의식과 예술적 시각이 함께 어우러지는 곳이다. 당연히 한국학은 국내의 연구자들이 자신의 특수성만을 부각시키는 폐쇄적인 장이 아니라 전 세계의 학자들이 자유롭게 참여하는 지적 토론의 공간이다. 한국을 대상으로 한 다양한 연구를 지원하며 진지한 논의와 지적 실험을 뒷받침하는 것이야말로 한국학의 가장 중요한 역할이라 할 것이다.

이런 의미에서 한국학은 한국의 문화와 역사적 경험을 전 인류의 문화유산과 역사적 경험의 한 부분으로 바라보는 전 지구적 시각을 요구받고 있다. 한국학은 한국사회의 경험을 연구하되, 그것을 21세기 세계사적 과제들과 더불어 사고함으로써 새로운 문명적 대안을 모색하는 전 지구적 논의에 적극적으로 동참하는 작업이 되어야 한다. 이런 종합적이고 개방적인 연구의 집적을 통해서만 한국의 특수성만을 절대화하는 오류에서 벗어나면서 동시에 서구의 눈으로 한국을 대상화, 타자화하는 오리엔탈리즘적 지역학의 한계도 극복할 수 있는 길이 열릴 것이다.

한국의 학문 발전에 큰 책임을 지고 있는 서울대학교는 한국학의 바람직한 발전을 위해 적극적인 역할을 하고자 한다. 이를 위해 별도의 연구기금을 마련하여 '한국학 장기기초연구 지원사업' 을 추진하고 이 사업의 결과물들을 모아 연구총서, 자료총서, 모노그래프를 출간하기로 했다. 서울대학교 교수진의 연구역량과 진지한 문제의식들이 결집됨으로써 한국학의 연구 수준이 더욱 높아지고 내용이 보다 풍부해질 것을 믿고 있다. 이 연구사업이 해를 거듭할수록 한국사회에 대한 이해가 깊어짐은 물론이고 한국의 경험을 통해 세계 학계의 시각과 논의도 더욱 풍성해질 것을 기대해 마지않는다.

2003년 8월

서울대학교 한국학 연구사업 운영위원회

저자 약력

홍두승 洪斗承
1950년 대구에서 출생하여 서울대학교 사회학과를 졸업하고, 미국 시카고대학 사회학과에서 석사 및 박사 학위를 받았다. 미국 하버드옌칭연구소, 하와이 동서문화센터 객원연구원, 미국 아이오아대학 사회학과, 스페인 꼼쁠루뗀세대학 사회학과에서 객원교수를 역임하고, 현재 서울대학교 사회학과 교수로 재직중이다.
주요 저서로는 『사회조사분석』(1987, 1992, 2000), 『한국군대의 사회학』(1993, 1996), 『사회계층·계급론』(공저, 1993, 2001), 『한국의 직업구조』(공저, 1999), 『사회조사분석의 실제』(공저, 2001) 등이 있다.

서울대학교 규장각한국학연구원 한국학모노그래프 27

한국의 중산층

펴낸곳 서울대학교출판문화원
펴낸이 오연천
지은이 홍두승

초판 1쇄 발행 2005년 3월 5일
초판 4쇄 발행 2013년 7월 20일

출판등록 제15-3호

주소 151-742 서울 관악구 관악로 1
대표전화 02-880-5252 **팩스** 02-888-4148
마케팅팀(주문상담) 02-889-4424, 02-880-7995
이메일 snubook@snu.ac.kr
홈페이지 www.snupress.com
영문홈페이지 eng.snupress.com

ISBN 978－89－521－1489－1　93330

서울대학교 규장각한국학연구원 한국학모노그래프

01 예빈도에 보인 고구려: 당 이현묘 예빈도의 조우관을 쓴 사절에 대하여 | 노태돈

02 현대 한국유교와 전통 | 금장태

03 살인의 진화심리학: 조선 후기의 가족 살해와 배우자 살해 | 최재천·한영우·김호·황희선·홍승효·장대익

04 무협소설의 문화적 의미 | 전형준

05 정조시대의 무예 | 나영일

06 벼락도끼와 돌도끼: 고고자료에 대한 전통적 인식 연구 | 이선복

07 한국 옛 경관 속의 생태지혜 | 이도원

08 식민권력과 통계: 조선총독부의 통계체계와 센서스 | 박명규·서호철

09 한국의 천연염료: 전통염료와 천연염색기술 | 김재필·이정진

10 북한의 의학교육 | 박재형·김옥주·황상익

11 국문 글쓰기의 재탄생 | 권영민

12 사할린 귀환자 | 이순형

13 조선시대의 간척지 개발: 국토 확장과정과 이용의 문제 | 박영한·오상학

14 3칸×3칸: 한국 건축의 유형학적 접근 | 전봉희·이강민

15 위성영상을 이용한 북한지역의 해안습지연구: 평안남도를 사례로 | 유근배

16 한국 구비문학에 수용된 재담 연구 | 서대석

17 한국 자본자유화와 금융자유화의 근년변화: OECD 가입 및 IMF 사태 이후의 실상, 평가 및 대응 | 이천표

18 구어 한국어의 의향법 실현방법 | 권재일

19 조선시대 복식에 나타난 적색계 색명의 의미 | 남윤자·김순영·박성실

20 우리나라 인체기생충 및 의용절지동물의 동물상과 개요 | 채종일

21 경제개방이 우리나라 노동시장에 미친 효과 | 김대일

22 한국 고소설에 나타난 오이디푸스 콤플렉스: 〈심청전〉·〈콩쥐팥쥐전〉 | 류인균

23 남북한 경제의 이질성: 경제통합에 관한 함의 | 이지순

24 한국에서 마르크스주의 경제학의 도입과 전개과정 | 김수행

25 한국 장수인의 개체적 특성과 사회환경적 요인: 호남지방 장수벨트를